Une nuit pour tout changer

Un site pour tout savoir :
www. soulieresediteur.com

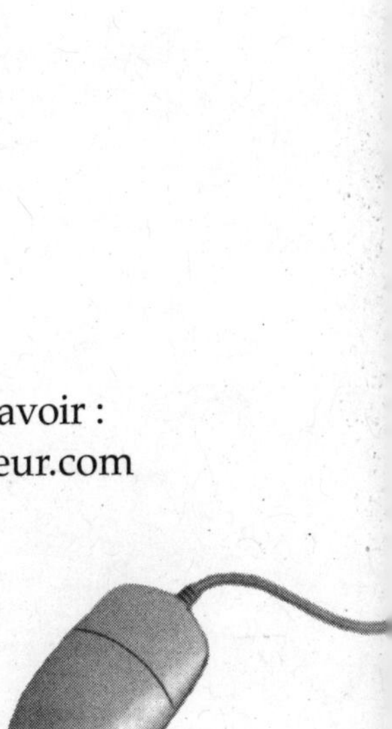

De la même auteure
chez le même éditeur

Peau d'Anne, 2004

Aux éditions Vents d'ouest

L'Air bête, 2003, Première position au Palmarès de Communication-Jeunesse 2005

Coup de foudre et autres intempéries, 2004

Un cœur en exil, 2004

Des vacances dans la tourmente, 2007

Josée Pelletier

Une nuit pour tout changer

SOULIÈRES ÉDITEUR

case postale 36563 — 598, rue Victoria
Saint-Lambert (Québec) J4P 3S8

Soulières éditeur remercie le Conseil des Arts du Canada et la SODEC de l'aide accordée à son programme de publication et reconnaît l'aide financière du gouvernement du Canada par l'entremise du Programme d'Aide au Développement de l'Industrie de l'Édition (PADIÉ) pour ses activités d'édition. Soulières éditeur bénéficie également du Programme de crédit d'impôt pour l'édition de livres – Gestion Sodec – du gouvernement du Québec.

Dépôt légal: 2007
Bibliothèque nationale du Canada
Bibliothèque nationale du Québec

Données de catalogage avant publication (Canada)

Pelletier, Josée

Une nuit pour tout changer

(Collection Graffiti ; 43)
Pour les jeunes de 11 ans et plus.

IISBN 978-2-89607-066-4

I. Titre. II. Collection.

PS8581.E398N84 2007 jC843'.6 C2007-940830-3
PS9581.E398N84 2007

Illustration de la couverture :
C'est la douceur des draps froissés sur tes pas (détail)
de Jacques Payette

Conception graphique de la couverture :
Annie Pencrec'h

ISBN: 978-2-89607-066-4

58943

À mes parents,
Merci de m'avoir laissé
réaliser mes rêves.

À Phil,
au magnifique adolescent
que tu es devenu.

Laissez les enfants rêver
Laissez l'océan danser
Laissez la musique monter
Et vous, laissez-vous aller

Gilbert Montagné
Laissez les enfants rêver, 1985

Elle

RAPHAËLLE SE RELÈVE AVEC PEINE. ELLE A ENCORE RATÉ UN SAUT. LA GLACE A MOUILLÉ SON COLLANT ET LA CULOTTE de son maillot. Sa cuisse est sûrement rougie et compte sans doute une nouvelle ecchymose. Elle glisse sur ses lames, découragée, et rejoint son entraîneur. Ce dernier a froncé les sourcils : on les voit à peine, cachés sous le rebord de sa tuque. Il a croisé les bras sur son manteau Kanuk, visiblement insatisfait de la piètre performance de son élève. Raphaëlle ne le regarde pas, elle sait déjà qu'elle subira ses réprimandes. Malgré tout le talent qu'elle possède, elle se sent minable.

— Eh bien ! Qu'est-ce qu'il t'arrive aujourd'hui ? lui demande-t-il, impatient.

Lorsqu'il parle, un petit brouillard se produit au contact de l'air froid. Raphaëlle est restée tête basse, penaude. Elle frotte discrètement ses fesses endolories. Encore une fois, la désillusion l'assaille.

— Je ne sais pas. Je n'y arrive pas, marmonne-t-elle.

L'entraîneur s'écrie aussitôt :

— Mon œil ! Il y a deux jours, tu étais capable d'atterrir après ce saut. Maintenant qu'on le combine à un autre, tu n'arrives à rien. Allez ! Recommence !

Raphaëlle soupire, telle une martyre. Elle en a marre de cette combinaison de sauts. Il y a peu de temps qu'elle maîtrise le triple flip, sa bête noire, et voilà que son entraîneur veut qu'elle l'enchaîne à un triple toe.

— Allez ! fait-il, d'un ton tranchant.

Raphaëlle n'a pas le choix : elle patine, prend son élan tout en évitant les patineurs qui s'entraînent en même temps qu'elle sur la patinoire. Elle aurait envie de leur crier de s'enlever de son chemin, mais elle préfère se taire. Elle cherche un coin dégagé pour effectuer son saut. Elle doit exécuter trois fois le tour de la patinoire avant de s'élancer et… de tomber à nouveau.

— Merde ! jure-t-elle en donnant un coup de lame contre la surface glacée.

Un éclat est projeté, laissant un trou béant.

— Répare ça tout de suite ! ordonne l'entraîneur.

La jeune patineuse frotte furieusement la lame de son patin contre la glace afin d'amasser un peu de neige pour boucher la cavité. Sa colère n'est rien comparée à son découragement.

— Ce n'est pas en ayant cette attitude que tu amélioreras ta performance. Tu vas recommencer en pensant à la position de tes bras lors de la préparation du saut. Quand tu effectueras ton virage, je ne veux pas les voir se balancer comme deux cordes molles.

Il prend les bras de l'adolescente et les place à l'horizontale.

— Rappelle-toi qu'ils ne doivent pas bouger. Laisse bien ta main droite derrière. Quand tu t'élanceras, tes bras se refermeront sur toi d'un coup sec. C'est ce mouvement qui t'aidera à effectuer les trois rotations.

Raphaëlle déplace ses bras au ralenti pour simuler le geste et tourne trois tours sur elle-même. Sa concentration revient au galop.

— Quand tu atterris, bloque tes bras à cet endroit. Ta jambe doit être bien tendue. Tu piqueras aussitôt la lame de ton patin loin derrière toi afin d'enchaîner ton triple toe. Tu as compris ?

Raphaëlle ne répond pas. Elle fait à nouveau les gestes et essaie de visionner les deux sauts dans sa tête. La sirène de la surfaceuse annonce la fin de l'entraînement.

Raphaëlle n'obéit pas à l'ordre d'évacuer la patinoire. Elle profite de ce moment où il y a moins de patineurs pour tenter une dernière fois de réussir cette combinaison de sauts. Elle patine avec force afin de prendre son élan. Dès qu'elle atterrit une première fois, elle pique aussitôt et s'élance en tournant une fois, deux fois, trois fois et... par malheur, elle n'arrive pas à effectuer une bonne réception. Elle est assise sur la glace, l'âme en peine, quand le préposé de la Zamboni klaxonne à nouveau.

— Dépêche-toi, lui lance l'entraîneur.

Raphaëlle grogne. Elle ne fait que ça dans la vie, se dépêcher. Vite, elle doit aller à l'école ! À son retour, elle ne doit pas perdre une seconde pour étudier et faire ses devoirs ! Ouste, elle doit se rendre à l'aréna ou au centre de conditionnement physique ! Presto, elle doit aller dormir, car une athlète de son niveau a besoin de plusieurs heures de sommeil.

Elle enfile ses protège-lames avec une lenteur calculée. Elle n'a pas envie de retrouver sa mère qui n'a sûrement pas manqué une seconde de la séance d'entraînement. L'adolescente marche sur le tapis caoutchouté tout en ôtant ses gants mouillés. Elle passe près des joueurs de hockey qui s'apprêtent à prendre possession de la patinoire.

Le regard de l'un d'eux croise le sien. Ils se connaissent mais ne se saluent pas. Tristan l'a toujours trouvée hautaine et, de son côté, elle n'a jamais supporté son air désinvolte.

Elle déteste l'odeur que dégagent les équipements de hockey. À croire que les joueurs ne les lavent jamais. Elle aurait envie de se pincer le nez tant l'air ambiant est nauséabond. Par chance, le vestiaire est situé loin de celui des joueurs. Elle y entre et constate avec mécontentement qu'il n'y a plus de place pour s'asseoir. Plusieurs mères, dont la sienne, sont présentes. Certaines ont même eu le culot de poser leurs grosses fesses sur les bancs, lui volant ainsi un espace pour se déchausser. Furieuse, Raphaëlle s'empare de son sac. Elle aurait envie de le balancer contre le mur. Elle se retient de justesse. Son long corps se plie aisément et elle délace ses patins avec rage. C'est à peine si ses genoux sont fléchis.

Madame Langevin discute avec Paul, l'entraîneur de Raphaëlle. Elle cherche en vain ce qui ne va pas chez sa fille.

— Faut lui donner du temps, répond-il. Un peu plus d'exercices ne lui ferait pas de tort.

Un peu plus d'exercices ? Raphaëlle reste interloquée. Elle patine déjà trois heures par jour, cinq jours par semaine !

— Samedi matin, il y a une session de six heures à huit heures. Elle pourrait venir, offre-t-il.

— Bonne idée ! Je crois que ça l'aiderait.

Raphaëlle serre les lèvres. Personne ne lui demande son avis. Elle n'a aucune envie de se lever à cinq heures du matin durant la fin de semaine. Elle retire son pied de son patin et le pose par terre.

— Raphaëlle, fais attention ! Ce n'est pas propre et tu poses ton pied nu sur le plancher.

Quelques personnes cessent de discuter entre elles et regardent la fautive. Il est toujours étonnant de constater que la jeune fille ne tolère aucun bas lorsqu'elle chausse ses patins. Ses collants beiges sont coupés à la cheville.

— Pas grave ! Des pieds, ça se lave ! lance Sophia, en dégageant, à son tour, le pied nu de son patin.

Un rire traverse la pièce. Raphaëlle remercie, en silence, cette entraîneure. Oh ! Comme elle aurait aimé travailler avec elle ! Elle semble si joyeuse, même quand tout va mal. Elle a toujours un mot d'encouragement, elle compatit quand un saut devient un cauchemar. À l'occasion, elle invite ses élèves au restaurant. Elles en parlent entre elles, avec un air complice et joyeux. Raphaëlle en est parfois jalouse, car avec Paul, c'est tout le contraire. Il faut toujours redoubler d'ardeur. Pour les bons coups comme pour les mauvais. Raphaëlle a déjà demandé à sa mère de changer d'entraîneur :

— Sophia ? Tu veux rire ? Elle n'a aucune élève de ton niveau !

— Mais oui ! Véronique l'est.

Sa mère lui avait ri au nez.

— Véronique ne fera jamais les nationaux. Sophia est jeune et elle manque d'expérience. Paul a mené plus d'un élève aux championnats canadiens. Il sait quel chemin emprunter pour que tu t'y rendes.

Raphaëlle avait eu envie de lui répondre qu'il n'y a qu'à visiter le site Internet de *Map Quest* pour savoir comment se rendre à Halifax où auront lieu les prochains championnats canadiens. Une route toute tracée peut être imprimée en claquant des doigts.

Elle ne l'a pas dit, sa mère n'aurait pas ri.

Lui

Monsieur Garneau, l'entraîneur de l'équipe de hockey midget AAA, est furieux. L'exercice ne s'effectue pas comme il le désire. Les joueurs sont indisciplinés et semblent n'avoir pas compris ses explications. Il siffle un temps d'arrêt.

— J'ai l'impression d'avoir des débutants sur la glace, lance-t-il lorsque les joueurs l'entourent. On dirait que vous n'avez jamais fait une sortie de zone ! Ce n'est pas un spectacle de patin de fantaisie que je vous ai demandé d'effectuer. Vous allez recommencer l'exercice et je veux que vous donniez votre maximum.

Les joueurs se positionnent à nouveau, et, dès le premier coup de sifflet, ils évoluent sur la glace, tel que l'entraîneur l'a demandé. Pourtant, ce n'est pas suffisant.

— Gagnon ! Tu as encore raté la passe ! Beaudoin, explique-moi pourquoi tu étais à gauche ?

— Bien, je… Puisque Louis était à droite, j'ai cru bon de couvrir ce côté de la glace.

L'entraîneur dévisage le jeune homme.

— Tu as cru bon de...? Avec le peu de cervelle que tu as, tu es capable d'anticiper le jeu en quittant ta position pour aller du mauvais côté ? Je te rappelle que tu es ailier droit et que tu dois garder cette position. Un joueur atome de 10 ans connaît ce principe. Allez ! On recommence.

Les joueurs se placent. Devant le but, Tristan se tient prêt. Il espère que les attaquants réussiront l'exercice et lanceront une rondelle vers lui. Il commence à trouver le temps long. Son vœu n'est pas exhaussé. Monsieur Garneau a encore sifflé avant que les joueurs se rendent dans son territoire. L'ailier droit est à nouveau réprimandé.

— Beaudoin ! T'as rien compris ! T'es vraiment cave !

Deux joueurs rigolent et, malheureusement, monsieur Garneau les a entendus. Il semble de plus en plus en colère.

— Vous trouvez ça drôle, hein ? Eh bien ! Je veux que vous traversiez la patinoire, dans le sens de la largeur, le plus vite possible. Quand vous toucherez la bande, revenez en patinant à reculons. Puis, tournez-vous vers l'avant, ainsi de suite pendant cinq minutes. On verra si vous avez toujours envie de rire.

— Cinq minutes ? s'écrient, indignés, quelques jeunes.

L'entraîneur crie aussitôt :

— Ce n'est pas assez ? Alors, dix minutes !

Des grognements et des protestations se font entendre.

— Allez ! Roberge ! Toi aussi tu dois faire les aller-retour !

Tristan déteste faire cette activité. Son équipement de gardien l'empêche de patiner avec souplesse. L'exercice ne lui apporte qu'essoufflement et sueur.

Dans le vestiaire, après l'entraînement, l'entraîneur n'a toujours pas calmé sa colère. Il blâme le manque de rigueur de ses joueurs, il les diminue sans retenue et n'hésite pas à montrer du doigt ceux qui le déçoivent. Tristan espère ne jamais être dans sa mire. Il ne pourrait supporter d'être insulté devant l'équipe.

Au fur et à mesure qu'il enlève une pièce d'équipement, il le place dans son sac. Son survêtement est trempé de sueur. Il a hâte d'aller aux douches afin de fuir les éclats de voix de monsieur Garneau. C'est bien la première fois qu'il est heureux de s'y rendre. Il déteste être nu et devoir se laver en présence de ses amis. L'eau est toujours trop froide et le jet est peu puissant.

Impossible de rincer à fond ses épais cheveux. La propreté douteuse du plancher suscite chez lui de l'écœurement.

« Pourvu que je n'attrape pas une verrue plantaire », pense-t-il à chaque fois.

Malgré sa rapidité à s'habiller, l'entraîneur ne le laisse pas partir.

— On attend que tout le monde soit prêt avant de quitter le vestiaire.

Tristan est découragé : quatre joueurs n'ont pas terminé d'enlever leur équipement et ils doivent se doucher. Il pense à l'examen d'histoire et à son devoir d'anglais à remettre pour demain. Que de temps perdu à cause de cet entraînement minable ! Il aurait envie de ne pas écouter l'ordre de rester assis et s'en aller. Mais il n'en fait rien. Il songe à toute la discipline à laquelle il doit se soumettre. D'abord à l'école, s'asseoir et écouter les professeurs discourir pendant un temps interminable, à la maison où il doit se plier aux exigences de ses parents et, ici, assis sur un banc dur et inconfortable, attendre que les lambins terminent de s'habiller.

En voyant les jeunes sortir enfin du vestiaire, quelques parents soupirent de soulagement : on n'en pouvait plus de patienter.

— Tu en as mis du temps ! s'exclame monsieur Roberge en voyant son fils. La prochaine fois, je veux que tu te presses un peu plus.

« Charmant accueil », songe Tristan.

Son sac contenant son équipement est imposant. Il entre de justesse dans le coffre arrière de la voiture. Ce n'est qu'une fois assis près de son père qu'il entreprend de lui expliquer la raison de son retard.

— Cesse de toujours mettre la faute sur un autre, le coupe monsieur Roberge. Tu t'attardes souvent trop longtemps sous la douche. Hier encore, à la maison, j'avais bien cru que tu t'étais endormi sous l'eau. Mais comment peux-tu prendre autant de temps pour te laver ? Je veux bien croire que tu as beaucoup de cheveux… Tu ne pourrais pas les couper ? C'est à peine si on voit tes yeux. Quand j'avais ton âge, on exigeait de nous que nous soyons propres et bien habillés. Quand je vous regarde… Vos jeans qui pendent, vos cheveux trop longs… Vous n'avez aucune fierté. J'ai toujours été le premier sorti pour ne pas faire attendre mon père.

Tristan aimerait bien lui expliquer que son retard est justifié, que son habillement n'a rien à voir avec son talent et qu'il a un comportement irréprochable vis-à-vis de son entraîneur. Il préfère de loin se taire afin d'éviter les discussions. Elles ne mènent jamais nulle part. En fait, si : elles s'enveniment souvent et Tristan en sort toujours perdant.

Comme il a hâte de se retrouver seul dans sa chambre !

Elle et lui attendent l'autobus

RAPHAËLLE MARCHE VERS LE COIN DE LA RUE POUR Y ATTENDRE L'AUTOBUS. ELLE EN VEUT À SA MÈRE QUI L'A OBLIGÉE À porter une tuque. La jeune fille a tenté de lui faire changer d'idée. Elle a répliqué haut et fort qu'on n'était qu'au début novembre, qu'il n'y avait pas de neige et qu'il ne faisait pas si froid, mais sa mère est restée de glace.

Elle aperçoit son voisin qui patiente déjà près d'un panneau de signalisation. Elle sait qu'il s'appelle Tristan, mais elle ne lui a jamais parlé. Depuis qu'elle a emménagé dans sa nouvelle demeure, quelques mois plus tôt, elle n'a échangé avec lui que quelques paroles au début de l'année scolaire. Elle lui avait demandé si c'était bien à cet endroit qu'ils devaient attendre l'autobus qui les conduirait au collège. Sa réponse positive, mais sèche, n'avait pas enclin la jeune fille à poursuivre la conversation. Depuis, ils se rencontrent tous les matins sans jamais échanger ne serait-ce qu'une banalité.

Comme tous les jours, Raphaëlle se tient à une bonne distance de Tristan. Elle bouillonne en pensant qu'il doit bien avoir envie de se moquer de la tuque qu'elle porte. L'arrivée de Mélodie ne calme pas son agacement.

— L'Halloween, c'était la semaine dernière, ironise la nouvelle venue.

— Ne ris pas, lance aussitôt Raphaëlle. C'est ma mère qui m'a obligée. Dès que je serai hors de sa vue, tu peux être certaine que je vais l'enlever.

Mélodie jette un œil vers la maison de son amie. En effet, madame Langevin est postée à la fenêtre du salon.

— N'oublie pas : chez moi, c'est le vrai régime militaire.

Tristan n'en croit pas ses oreilles. Il ne peut imaginer pire que sa vie familiale. Il est certain qu'elle exagère.

— Je suis quand même d'avis que tu aurais dû venir, fait Mélodie.

— Où ? questionne aussitôt Raphaëlle.

— Au party d'Halloween !

Raphaëlle se renfrogne et baisse les yeux.

— Tu sais bien que mes parents ne voulaient pas puisque je devais m'entraîner tôt le lendemain. Je te le répète, je vis en détention.

Mélodie pouffe et désigne la boîte à lunch de son amie :

— Est-ce que maman a bien suivi le guide alimentaire canadien ? T'a-t-elle mis une portion de chacun des groupes ? As-tu suffisamment de protéines et de calcium pour passer la journée ?

Raphaëlle a une mine exaspérée.

— T'as quoi dans ton lunch, toi ?

— Un sandwich au jambon, des carottes, un *Joe Louis* et un pouding au caramel.

Alors que Mélodie a l'air toute fière, Raphaëlle, pour sa part, a une moue de dégoût. Puis elle envoie une bourrade amicale à son amie :

— Je suis jalouse. Que dirais-tu d'échanger mon yaourt contre ton dessert ?

Tristan ne peut s'empêcher d'épier les filles. Raphaëlle semble vraiment sincère. Il aperçoit, au bout de la rue, l'autobus qui arrive. Il se surprend à être déçu. Il aimait bien écouter cette conversation.

— Et toi, qu'est-ce que tu as dans ton lunch ?

La question de Mélodie le surprend. Habitant sur la même rue depuis leur jeune enfance, ils ont toujours fréquenté la même école. Petits, ils jouaient ensemble. Mais, depuis cinq ans, c'est à peine s'ils se parlent. Cette froideur a toujours déplu à la jeune fille. La dernière fois qu'ils ont vraiment parlé, c'est lorsque, par une tempête de verglas, ils avaient été privés d'électricité pendant plusieurs jours. À cette époque, leurs familles s'étaient souvent réunies pour s'entraider.

— Heu ! fait-il, trop surpris qu'on lui demande le contenu de son sac.

— Tu as perdu ta langue ? demande Raphaëlle avec un air moqueur.

L'autobus s'arrête devant eux, ne laissant pas le temps à Tristan de riposter. Il grogne en suivant les filles qui montent dans le véhicule. Il n'a pas vu Raphaëlle enlever sa tuque. Il s'en aperçoit seulement quand il est bien installé sur le dernier banc, places auxquelles seuls les aînés peuvent accéder. Une pensée traverse alors son esprit : « Petite fille à maman, va ! Elle n'a même pas assez de cran pour tenir tête à sa mère. »

Un nuage noir s'installe au-dessus de lui et lui rappelle qu'il n'a même pas été capable de répondre à la sienne ce matin quand elle lui a fait remarquer que sa voisine, Raphaëlle, avait mis les déchets au bord de la rue alors que lui n'y pensait jamais.

« Pas drôle, les mères, quand elles s'y mettent », pense-t-il.

Tristan ne porte pas attention aux blagues de ses amis. Il se souvient de la fête costumée. Il y avait assisté. Quand il est revenu, sa mère l'attendait pour le sermonner : il était rentré beaucoup trop tard.

— Il n'était que onze heures !

— Quoi ? demande son compagnon de banc.

Pris en faute pour avoir pensé à haute voix, Tristan s'empourpre et marmonne une excuse. Ses yeux se fixent sur les cheveux bruns de Raphaëlle et un sentiment de haine l'envahit. Comme cette fille est parfaite aux yeux de sa mère ! Chaque jour, sa mère guette les nouveaux voisins et remarque : « Tiens, Raphaëlle s'en va jogger ! Tu pourrais te mettre au jogging, toi aussi ! » ou « Comme elle est bien habillée ce matin, tu n'aurais pas envie que je t'achète des pantalons plus classiques que tes affreux jeans ? » ou pire : « Viens voir : Raphaëlle aide son père à râteler la pelouse et à ramasser les feuilles mortes ! »

L'autobus s'immobilise. Tristan n'a même pas eu connaissance du trajet. Il soupire avant d'empoigner son sac d'école. Il suffit qu'un copain lui lance une blague pour que Tristan oublie aussitôt ses problèmes.

La prétentieuse

TRISTAN ASSISTE À SON COURS DE FRANÇAIS. DES SUEURS FROIDES LONGENT SA COLONNE VERTÉBRALE. IL N'A PAS TERminé le résumé qu'il devait faire suite à la lecture d'un roman qu'il jugeait interminable. L'enseignant a exigé qu'on lui remette les travaux au début du cours. Tristan est le seul à ne pas se lever pour poser son document sur le pupitre du professeur.

— Eh bien, Tristan ! Qu'est-ce qui t'arrive ?

— Je... Heu ! J'ai oublié mon travail chez moi.

L'enseignant baisse le menton et observe Tristan par-dessus ses lunettes. De toute évidence, il ne le croit pas du tout.

— C'est dix points de moins par journée de retard.

Tristan se mord la lèvre inférieure. S'il ne maintient pas sa moyenne, il sera exclu du programme sport-étude. Cette pression lui pèse à chaque instant comme s'il portait le menhir d'Obélix. Il a peine à suivre le cours. Il se demande comment il trouvera le temps de finir son résumé. Durant la soirée, il doit se rendre à l'extérieur de la ville pour une partie. De plus, il doit trouver du temps pour étudier pour son examen d'histoire qui aura lieu demain à la première heure. Il a trop souvent remis à plus tard son étude et il n'est pas du tout prêt à affronter les questions sur la Seconde Guerre mondiale.

À l'heure du dîner, Tristan se réfugie à la bibliothèque pour étudier. Il a mangé son sandwich en un temps record afin de ne pas perdre de temps. Après s'être assis, il cherche en vain ses notes de cours. Une immense déception l'envahit : il a bel et bien oublié son cahier d'histoire à la maison. Par contre, il trouve son roman archi-ennuyeux et s'encourage silencieusement à le terminer enfin.

— J'aimerais mieux être pendu que de lire cette horreur, marmonne-t-il.

— Hein ? fait une voix derrière lui.

Tristan sursaute. Il ne s'était pas rendu compte qu'une personne se trouvait près de lui. Il se tourne et voit, à l'autre table, Raphaëlle qui le dévisage.

— Tu m'as parlé ? chuchote-t-elle.

Agacé, Tristan fait un signe négatif de la tête.

— Non, je me parlais tout seul, explique-t-il.

Raphaëlle sourit et lui lance d'un ton sarcastique :

— Il paraît que c'est un signe d'intelligence.

Tristan n'a aucune envie de poursuivre la conversation avec cette fille dont les sarcasmes l'agressent. Il préfère ne pas lui répondre.

— Tu as l'air malheureux, déplore-t-elle.

— C'est ta présence qui m'ennuie, répond-il du tac au tac.

Raphaëlle sursaute. Au même instant, la surveillante leur fait signe de se taire. Tristan ramasse ses effets scolaires et se lève pour s'installer deux tables plus loin. La jeune fille le suit des yeux et cherche, au plus profond d'elle-même, ce qu'elle peut bien lui avoir fait pour qu'il soit aussi bête avec elle. Elle hausse les épaules et pense que les gars sont bien compliqués à comprendre.

Elle regarde l'horloge et sursaute. Vite ! Elle doit se rendre au centre de conditionnement physique du collège pour son entraînement quotidien. En passant près de Tristan, elle ne peut s'empêcher de lui chuchoter à l'oreille :

— T'as bien fait de changer de place : tu pues !

Horrifié, Tristan lance un juron. Il la suit des yeux avec une envie de lui sauter dessus et de l'étrangler. Elle marche avec empressement, la tête haute. Trop haute.

— Je vais lui faire baisser le nez à cette prétentieuse ! murmure-t-il.

Il tente de se replonger dans le dialogue des deux principaux personnages de son roman, mais rien n'y fait. Il penche son nez vers l'épaule gauche puis vers la droite : aucune odeur, sauf celle de son déodorant. Et puis, voilà ! C'est foutu ! Il n'arrive vraiment plus à se concentrer. Cette garce ne réveille en lui qu'une haine immense. Et pourquoi la déteste-t-il autant ? L'évidence est palpable : parce qu'aux yeux de ses parents, elle est tout ce qu'il n'est pas.

Des rêves de gloire

TRISTAN BLOQUE UN TIR, MAIS LA RONDELLE LUI ÉCHAPPE AUSSITÔT. UN JOUEUR DE L'ÉQUIPE ADVERSE S'ÉLANCE VERS LUI et, avec son bâton, la dirige vers le coin droit du filet. Tristan arrête le disque d'un coup d'épaule et se jette sur la rondelle afin de l'immobiliser. Au même moment, on entend la sirène annoncer la fin de la partie. Toute l'équipe s'élance vers Tristan : c'est lui qui les a sauvés de la défaite en arrêtant tous les tirs. Une grande joie l'envahit. Pour la cinquième fois d'affilée, il a mené son équipe à la victoire. Cette dernière revêtait plus d'importance encore, car des dépisteurs de l'équipe junior AAA étaient présents.

Alors qu'il est félicité par ses coéquipiers, Tristan cherche ses parents parmi la foule. Son bonheur est trop grand. Quand il les voit, debout en train d'applaudir, il lève son bâton en signe de victoire. Rempli de fierté, son père lève le pouce vers le haut.

Dans l'auto, Tristan arbore un grand sourire. Il revoit encore le tableau afficheur où les chiffres trois à zéro scintillaient. Il ne peut effacer le sourire qui s'est dessiné sur ses lèvres.

— Tu as été génial ! s'exclame son père dans la voiture. Tu sais, j'ai rencontré monsieur Beaulieu. Quand j'ai mentionné ton nom, il savait très bien de qui j'étais le père. Tu aurais dû aller le voir après la partie, ajoute-t-il. Il t'a remarqué.

Tristan se rembrunit aussitôt. Il regarde sa montre : il n'a fallu que trois minutes à son père pour utiliser ses mots fétiches : « Tu aurais dû», comme dans : « Tu aurais dû t'habiller plus vite » ou « Tu aurais dû faire telle ou telle chose ». Dans un soupir, il questionne :

— Qui est monsieur Beaulieu ?

— L'entraîneur du junior de Québec, répond-il, comme si cela allait de soi.

— Comment veux-tu que j'aille le voir ? Je ne sais même pas qui il est ni à quoi il ressemble. Et puis, ce n'est pas à moi de faire les premiers pas. Il me semble que ça aurait été *têteux* de ma part ! Je ne jouerai junior qu'après la prochaine saison.

Tristan regarde le paysage défiler. Il n'a pas envie de poursuivre la conversation.

— Tu devrais profiter du trajet pour réviser tes notes d'histoire, lui recommande sa mère.

Il a envie de répliquer qu'il fait noir et qu'il n'a pas la tête à étudier. Il ferme les yeux, prend une grande respiration afin de garder son calme, puis s'empare du manuel qui se trouve dans son sac. Il allume la lumière d'appoint et fait semblant d'étudier. Sa sœur se recroqueville dans un coin, morte de fatigue.

Tristan retrouve le sourire et la béatitude bien plus tard, quand il est dans son lit. Il regarde le plafond de sa chambre sans le voir vraiment. C'est le film du match qui défile dans sa tête. Avec la performance qu'il donne depuis le début de la saison, il sait déjà qu'il n'a plus à s'en faire avec le poste de premier gardien. C'est lui qui détient la meilleure moyenne parmi tous les gardiens de la ligue. Les rêves de gloire s'infiltrent tout doucement en lui.

Dans son lit, Raphaëlle ne trouve pas non plus le sommeil. Aujourd'hui, elle a réussi sa combinaison de sauts. Elle sait qu'avec cet enchaînement, elle a des chances de se classer pour les championnats canadiens junior de patinage artistique. Elle se voit déjà sur le podium, saluant la foule, pleurant de joie. Elle sait qu'elle peut y arriver.

Elle regarde l'heure : minuit moins dix. Elle a faim, elle aimerait bien se lever pour aller manger quelques biscuits et boire un verre de lait. Cependant, elle n'ose pas, car sa mère lui a défendu toutes les collations qui ne sont pas bénéfiques pour son régime d'athlète. Et puis, elle se ferait gronder de ne pas dormir à l'heure qu'il est. Elle se tourne, ferme les yeux et visualise ses enchaînements afin d'oublier sa faim. Dans son imagination, Raphaëlle réussit tous ses sauts, effectue des pirouettes centrées et rapides. La foule s'exclame, à grands « Ah ! » et « Oh ! » lorsqu'elle accomplit chaque figure. Quand elle prend enfin sa position finale, elle sourit, heureuse. Les spectateurs l'ovationnent alors que, dans un mouvement gracieux, elle fait la révérence. Une pluie de fleurs coupées s'abat sur la patinoire. Elle glisse, en ramasse quelques-unes et salue la foule avant de sortir pour attendre les résultats. Ils sont parfaits ! Raphaëlle saute au cou de son entraîneur avant de saluer une dernière fois ses fans. Comme le sommeil la gagne, une vision d'horreur lui fait ouvrir grand les yeux : alors qu'elle est sur le podium et reçoit la médaille d'or, elle aperçoit sa mère, parmi la foule, qui agite le bras. Dans la main, elle tient une tuque et crie : « Tu dois la mettre si tu ne veux pas attraper le rhume ! »

Le destin

RAPHAËLLE LACE SES PATINS AVEC RAPIDITÉ. CES MOUVEMENTS NE LUI DEMANDENT AUCUNE CONCENTRATION PUISQU'ELLE les effectue depuis l'âge de cinq ans. Certes, à cet âge, sa mère l'aidait, mais avec son tempérament indépendant, elle a vite exigé de le faire seule.

Elle a quelques minutes de retard. Elle se presse, ajuste son collant puis elle glisse les mains dans ses mitaines. Tant pis si son entraîneur déteste qu'elle en porte.

— Tu dois t'habituer à patiner mains nues, lui dit-il chaque fois. Non mais, regarde-toi ! On dirait que tu patines avec des gants de boxe ! En compétition, tu ne peux avoir ces trucs.

— Aujourd'hui, ce n'est pas une compétition, lui répond-elle en accomplissant un magnifique double axel.

L'entraîneur tique : comment son élève peut-elle avoir de la grâce avec des mitaines ? Ce détail l'horripile au plus haut point. Il essaie de faire avec, mais il ne peut s'empêcher de lui faire remarquer qu'avec ces palmes (le terme est tiède à ses oreilles) elle a l'air d'une plouc !

— Une plouc ? lance-t-elle avec impertinence.

Pour lui prouver qu'il se trompe, elle exécute une magnifique arabesque avant. L'angle de ses jambes frôle les cent quatre-vingts degrés. Son entraîneur ne trouve rien à redire. Raphaëlle est heureuse de lui clore le bec.

— On m'a dit que tu as réussi ta combinaison de sauts, lui dit-il quand elle revient vers lui.

Un grand sourire illumine le visage de la jeune patineuse.

— J'aimerais bien que tu m'en fasses une démonstration.

Raphaëlle obéit, le cœur joyeux. Elle fait quelques tours de piste, puis se concentre en glissant sur un pied. Sur sa jambe gauche, elle effectue un virage, étend la jambe libre, enfonce la pointe de sa lame loin derrière elle, s'élance dans les airs en tourbillonnant trois fois avant d'atterrir sans effort sur son pied droit. Sans attendre, elle pique cette fois-ci avec la gauche et exécute trois rotations avant d'atterrir parfaitement, sans tricher. Elle ne garde pas sa position comme l'exige son entraîneur. Elle se met plutôt à sautiller, folle de joie.

— Pfff ! fait une autre patineuse en passant près d'elle, jalouse de son talent.

Raphaëlle est très fière ! Neuf fois sur dix, elle réussit la combinaison de sauts au cours de cette séance.

— Voyons voir comment on peut intégrer ces sauts dans ton enchaînement, fait l'entraîneur. Je propose que tu le fasses après ta pirouette cambrée, là où tu fais le triple *salchow*. À moins qu'on ne le mette au début : je crois que ce serait plus « punché » si tu commençais en force.

Raphaëlle réfléchit et pense qu'effectivement la deuxième alternative est la meilleure. Pour s'assurer de la faisabilité de l'enchaînement, Raphaëlle patine et accomplit un jeu de pied compliqué et enchaîne sans effort les deux sauts. Comme elle est heureuse de réussir cet enchaînement qui empoisonnait auparavant son existence !

Cette ivresse l'envahit encore quand elle délace ses patins après son entraînement. Elle blague avec ses copines, rit pour un rien, bref la vie ne lui a jamais semblé aussi merveilleuse qu'en ce moment.

En sortant de l'aréna, elle aperçoit sa mère qui l'attend dans l'auto. Un vent glacial surprend Raphaëlle. Ce n'est pas suffisant pour lui faire oublier sa bonne humeur. Elle fait un signe de la main à sa mère.

Impatiente de recevoir ses félicitations, elle court sans se méfier. De la glace s'est formée sur la chaussée après une chute subite de la température. Comme elle descend la marche du trottoir, son pied glisse. Elle cherche appui sur son autre jambe, mais rien ne va plus, elle est complètement déséquilibrée. De peur de se blesser, elle tente d'amortir la chute avec sa main. Son corps tout entier s'écrase sur le bras gauche. Un bruit sourd se fait entendre. Raphaëlle a déjà compris ce qui vient d'arriver. Elle éclate en sanglots.

La douleur est aussi vive dans son bras que dans son cœur.

La visite

RAPHAËLLE EST ASSISE PRÈS DE LA FENÊTRE DE SA CHAMBRE. ELLE GUETTE L'ARRIVÉE DE L'AUTOBUS QUI RAMÈNERA DE l'école son amie Mélodie. Raphaëlle lui a demandé de lui rapporter ses devoirs. Voilà trois jours qu'elle manque ses cours. Un peu de devoirs à faire pour passer le temps l'occupera. C'est toujours mieux qu'être avec grand-maman. Raphaëlle ne comprend pas pourquoi sa mère ne veut pas la laisser seule durant le jour. Elle a quand même quinze ans !

— Au cas où tu ne te sentes pas bien. Tu sais, un bras dans le plâtre…

Ce matin, Raphaëlle avait envie d'aller à l'école, mais sa mère a insisté pour qu'elle reste à la maison une journée de plus.

— Je peux rester toute seule, tu sais ?

— Oui, ma puce, mais mamie se fait un plaisir d'être avec toi.

« Tu parles ! » pense Raphaëlle. Sa grand-mère passe sa journée à regarder des émissions de cuisine à la télé, à parler au téléphone avec ses nombreuses amies du Cercle des fermières ou à parcourir la section nécrologique du journal. Entre-temps, elle fait des mots-croisés, des mots mystères et lit l'horoscope en long et en large.

— Quel est ton signe ?

— Le même qu'hier, grand-maman. Bélier.

— *Bien que les activités mondaines vous sourient,* lit-elle, *il sera plus enrichissant de miser sur une poignée de relations amicales intimes que sur la surabondance d'interactions superficielles. La popularité sociale peut remplir un horaire et flatter l'orgueil, mais elle ne rapporte pas autant de véritable satisfaction qu'un lien personnel réciproque et approfondi.*

Voilà l'horoscope de ce jeudi. Raphaëlle en a pris connaissance dix-huit minutes après l'arrivée de sa grand-mère ce matin. Depuis, elle se demande quelles seront ses activités mondaines puisqu'elle est clouée à la maison avec un bras dans le plâtre.

Que le temps est long avant l'arrivée de son amie ! Mélodie se fera un plaisir fou de lui raconter les derniers potins de l'école. D'ici là, Raphaëlle a tout le temps de ruminer sa peine. Elle ne songe qu'au rêve envolé d'un podium. Avec le triple saut qu'elle a réussi, elle aurait pu y arriver. L'an prochain, il sera peut-être trop tard. Elle finira ses jours dans un cirque sur glace. Avec de la chance, elle pourra revêtir le costume d'un quelconque personnage de Walt Disney.

L'autobus arrive. Raphaëlle se redresse et se fait déjà une joie de recevoir son amie qui lui rend visite tous les soirs depuis son accident. L'autobus redémarre et Raphaëlle voit son amie marcher en sa direction en compagnie de Tristan. Devant la maison, Tristan sort quelques feuilles de son sac et les remet à la jeune fille. Elle doit sûrement dire quelque chose de rigolo, car le jeune homme éclate de rire. Mélodie salue Tristan et se dirige vers la maison de son amie. Raphaëlle dévale l'escalier et accueille son amie.

— Tu as réussi à le faire rire ? fait-elle sans même la saluer.

— Qui ?

— Ben… Tristan, voyons ?

— Mais, oui ! L'isolement te rend acerbe, ma vieille.

— Oh la barbe ! grogne Raphaëlle. Donne-moi ton manteau.

Grand-maman vient vers elles, d'une démarche précipitée. Raphaëlle se sent rapidement envahie.

— Si ce n'est pas la grande Mélanie !

— Mélodie, rectifie aussitôt Raphaëlle.

— Vous ne pouvez pas le deviner, mais quand je me suis mariée, j'étais aussi grande qu'elle ! Avec le temps, j'ai un peu rapetissé, mais... Oh ! J'avais une taille aussi fine que celle de Raphaëlle. Peut-être un peu plus fine. Je trouve que toi, Mélanie, tu es un peu grassouillette. Pourquoi faut-il que vous montriez toujours votre ventre ? Je pense vraiment que la mode ne vous avantage pas. Dans mon temps, nous avions de longs chandails... Il aurait été intolérable de se vêtir de la sorte.

— Viens, fait Raphaëlle en passant devant sa grand-mère sans s'excuser.

— Tu veux une collation, Mélanie ?

— Elle s'appelle Mélodie, grand-maman.

— Non, merci, répond Mélodie.

— Nous montons dans ma chambre, mamie, fait Raphaëlle en grimpant l'escalier, poursuivie par son amie.

Une fois la porte fermée, les deux filles s'assoient sur le lit.

— Alors, quoi de neuf ? demande Raphaëlle.

— Rien. La même platitude à des kilomètres à la ronde.

— Je t'ai vue parler à Tristan.

— Oui, voilà, fait-elle en sortant des feuilles de son sac. Il m'a remis des feuilles d'exercices de maths. Tu as un examen demain.

— Moi qui avais hâte d'aller à l'école. N'empêche que je préfère un examen de maths que de subir une journée de plus ici.

— C'est sûr ! fait sarcastiquement Mélodie.

Raphaëlle explique :

— Non, mais tu parles avec ma grand-mère cinq minutes par jour, et elle t'exaspère. Imagine trois jours. C'est horrible !

— Comme d'habitude, tu exagères, Raphaëlle.

— À peine, avoue-t-elle.

Mélodie sort un cartable de son sac et en extrait quelques feuilles.

— Voilà les pages des exercices du cours d'histoire. Tu dois lire le chapitre treize et répondre à ces questions. C'est pour lundi. En français, l'exposé oral est pour mardi.

Raphaëlle soupire. Voilà de quoi l'occuper durant la fin de semaine. Elle jette un coup d'œil sur les exercices de mathématiques.

— Je ne comprends rien. Pourtant, je n'ai manqué que trois cours. Tu peux m'expliquer ?

— On n'a pas encore vu ça. Tu sais que je ne suis qu'en 426 tandis que toi, tu es dans la classe enrichie. Désolée !

Mélodie referme son sac et se lève. Raphaëlle est surprise.

— Tu t'en vas déjà ?

— Oui, je soupe avec mon père ce soir. Il y a deux semaines que je ne l'ai pas vu.

Alors que Raphaëlle accompagne son amie, elle lui demande :

— Il te manque toujours autant ? Oh ! mais…

Tristan est debout dans le portique en compagnie de la grand-mère de Raphaëlle.

— Ton ami n'a pas sa clé, et il commence à pleuvoir. Je n'allais pas le laisser attendre ses parents dehors. Je l'ai donc invité à entrer. Tu t'en vas déjà, Mélanie ?

— C'est Mélodie, son nom, grommelle Raphaëlle.

— Oui, j'ai quelque chose de prévu avec mon père. Au revoir, fait-elle en lançant un regard complice à son amie.

— Viens, Christian, je vais te servir une collation. J'ai fait une délicieuse croustade aux pommes.

Tristan n'a d'autre choix que celui de suivre la vieille dame à la cuisine. Il est embarrassé, c'est évident. Raphaëlle ne l'aide en rien en restant muette. Après avoir servi la collation à l'invité, l'aïeule poursuit :

— Je disais justement à Mélanie que, dans mon temps, on ne pouvait s'habiller ainsi. C'est vraiment inacceptable de voir des nombrils. Et que dire de ces chandails moulants ! Tu aimes ça, toi, Christian ?

— Elle est excellente, votre croustade, merci.

Il sait bien que la grand-mère lui demandait son avis sur autre chose, mais il a préféré éviter de répondre. Raphaëlle le trouve habile.

— Quand on est potelé comme elle l'est, il est préférable de ne pas s'exhiber de la sorte. Moi, quand j'avais son âge, j'étais très mince. Ma robe de mariage est le vêtement le plus ajusté que j'aie porté dans ma vie. C'était une si belle robe ! Mon mari, Hector, Dieu ait son âme, était renversé de me voir monter l'allée de l'église. Il était si ému ! Mais ses parents, sa mère surtout, étaient outrés par mon décolleté. Rien à voir avec ce que les filles portent de nos jours. Ma belle-mère aurait été scandalisée de rencontrer Mélanie. Par chance, ma petite-fille ne s'habille pas ainsi. Elle est jolie, non ?

Raphaëlle est amusée par la question et surveille la réponse de Tristan.

— Bien sûr, fait-il en rougissant.

— Il y avait plusieurs personnes à l'église. Tout le village était là. Même cette chipie de Gertrude qui avait essayé de mettre le grappin sur mon Hector, Dieu ait son âme. Mais il m'avait préférée à elle, et jamais de sa vie il ne l'a regretté. J'ai été une épouse dévouée. Je lui ai donné cinq beaux enfants.

— Tu veux un verre de lait ? demande Raphaëlle qui s'en sert un.

Tristan accepte. Grand-maman poursuit son monologue. Il écoute poliment, mais Raphaëlle est persuadée qu'il aurait préféré attendre l'arrivée de ses parents, dehors, chez lui. La sonnerie du téléphone permet à Raphaëlle de s'éloigner.

— Grand-maman, c'est pour toi, dit-elle en déposant le combiné. On peut aller étudier les maths, si tu veux, ajoute-t-elle à l'intention de Tristan.

Elle aurait pu le laisser dans la cuisine et aller s'enfermer dans sa chambre. Mais Raphaëlle ne sait pas être méchante.

— Mon odeur corporelle ne risque pas de te nuire ? demande-t-il, ironique.

Oh si ! Elle se rappelle très bien à quel point elle peut être odieuse quand elle le veut.

— J'ai pas été très cool non plus, ajoute-t-il. Je crois que je l'avais mérité.

Grand-maman parle si fort que Raphaëlle n'est pas certaine d'avoir compris. Devant l'air repentant de l'adolescent, elle saisit qu'il admet ses torts.

— On fait la paix ? demande-t-elle. Sinon, je peux te laisser avec ma grand-mère.

Il perçoit un brin d'humour qui l'amuse aussitôt.

— Tout compte fait, étudier est une très bonne idée, fait-il en attrapant son sac.

Cette trêve est la bienvenue, car depuis que Tristan était entré dans la maison, ils étaient tous les deux fortement désireux de se retrouver ensemble.

Le devoir de mathématiques

Tristan suit Raphaëlle dans l'escalier. Elle l'amène dans le bureau de son père où chacun aura une table de travail.

— Je reviens, dit Raphaëlle. Je vais aller chercher les feuilles que Mélodie m'a remises. Elles sont dans ma chambre.

Tristan reste donc seul. Il en profite pour jeter un œil autour de lui. Les murs sont nus, tout comme l'une des tables de travail. Sur l'autre, il y a un ordinateur et, tout juste à côté, un cadre avec la photo d'une patineuse. Tristan la prend et la regarde. Raphaëlle est gracieuse, il ne peut le nier.

— C'est une photo qui date de l'année dernière, dit-elle en entrant dans la pièce. C'était lors d'une compétition à Oshawa.

— Tu as gagné ?

Raphaëlle pose ses feuilles sur la table et répond sèchement :

— Non, je suis l'éternelle quatrième.

— Oh !

Tristan n'insiste pas. Il dépose la photo et, silencieusement, il entreprend de sortir ses effets scolaires. De son côté, Raphaëlle mène tout un boucan. Elle ouvre un tiroir, prend un crayon et le referme avec vigueur. Elle répète le même manège pour prendre une calculatrice. Elle tire la chaise, s'assoit et entame la lecture des nouvelles notions de mathématiques. Tristan se fait discret. De temps en temps, il jette un œil sur Raphaëlle. Quand il la voit froncer des sourcils et trébucher sur le même problème, il lui offre son aide :

— Si tu veux, on peut faire quelques exercices ensemble. Je suis allé en récupération et j'ai vraiment tout compris. C'est facile si l'on connaît le truc.

— Si on le comprend, tu veux dire.

Tristan sourit en coin.

— Ouais, si on comprend le truc.

Voyant qu'elle reste de glace, il se plonge dans ses cahiers. Dans un élan de sympathie, il ajoute :

— N'hésite pas si tu as besoin d'explications. L'examen de demain compte pour 50% de la note du bulletin.

Ah ! Les fins d'étapes ! Raphaëlle voudrait qu'elles n'existent jamais. Elles ne lui apportent que du stress et des efforts supplémentaires dans ses études. De plus, elles coïncident souvent avec les compétitions en patinage artistique ou les tests d'admission au niveau supérieur que ce soit en style libre ou en danse sur glace.

Il serait facile d'accepter l'aide que lui offre Tristan. Orgueilleuse, elle reste muette et continue à lire ce qu'elle perçoit comme un charabia. Elle a beau se concentrer, les doigts de Tristan, qui s'activent sur sa calculatrice, l'empêchent de se concentrer sur les différentes phrases mathématiques.

— Du chinois !

— Quoi ? fait Tristan.

— Rien. Je parlais toute seule.

— N'est-ce pas un signe d'intelligence ? réplique Tristan.

Raphaëlle l'affronte du regard. Voyant qu'il sourit en coin, elle capitule :

— D'accord, Tristan. Un à un.

Il lève les yeux vers elle et rencontre un regard satisfait.

— Raphaëlle ? Christian est avec toi ? demande grand-maman en entrant dans la salle de travail.

Raphaëlle retient un soupir.

— Oui, TRISTAN est avec moi. Nous travaillons nos mathématiques.

— Ta tante Brigitte vient de téléphoner et, tu ne le sais peut-être pas, mais elle a l'intention d'aller en voyage à Cuba. Je trouve que c'est bien loin. Moi, en voyage de noces, je suis allée en Gaspésie. C'était agréable, car nous avons suivi la route qui longe la mer. Il y avait un marchand de crevettes à Matane qui était très courtois avec moi, et ton grand-père le détestait...

— Grand-maman ! Nous avons un examen de mathématiques demain. Nous devons ab-so-lu-ment étudier. Quand nous aurons terminé, tu nous raconteras tout ça.

Navrée, la grand-mère de Raphaëlle s'exclame :

— Oh ! Désolée ! Vous voulez une collation ?

En chœur, Raphaëlle et Tristan refusent. Pendant que la vieille dame se retire, les deux jeunes se tournent vers leur cahier, confus d'avoir été aussi secs avec elle.

Plusieurs minutes passent avant que Raphaëlle se confie :

— Ça me tue qu'elle ne se rappelle pas qu'elle vient tout juste de nous servir une collation. Ça me tue et ça me fait de la peine.

Tristan serre les lèvres. Il ne sait pas quoi dire.

Raphaëlle aurait bien envie de confier qu'elle a parfois l'impression que c'est elle qui garde sa grand-mère. Sa mère la rassure en lui disant que ces petits oublis sont normaux quand on vieillit. Raphaëlle se demande si sa grand-mère ne souffrirait pas de la maladie d'Alzheimer même si parfois elle semble très lucide. Et puis sa mère aime bien revenir du bureau et constater avec plaisir que le souper est prêt. Grand-maman aime tellement cuisiner et gâter la famille de sa fille.

Raphaëlle se plonge à nouveau sur l'énoncé du problème. Elle ne sait absolument pas comment le résoudre. Orgueilleuse, elle ne demande aucune aide à son voisin. Plus elle lit les explications, moins elle comprend.

Plus tard, Tristan regarde sa montre puis, sans un mot, il sort de la pièce. Quand il revient, il ramasse ses effets scolaires.

— Tes parents sont arrivés ?

— Non. Mais il est 17 heures 15 et ils doivent compter sur moi pour que j'aille chercher ma sœur au service de garde de son école primaire. Je crois que papa travaille ce soir, et ma mère profite souvent du fait que je n'ai pas de hockey pour faire quelques emplettes.

Il empoigne son sac à dos et, avant de sortir de la pièce, remercie Raphaëlle.

— Remercie surtout ma grand-mère. Moi, je t'aurais laissé dehors.

Tristan retient un sursaut. Il rage quelques secondes avant de réaliser que Raphaëlle sourit. Serait-ce un sourire victorieux, rempli de haine, ou se moque-t-elle de lui ? Il hésite. Elle lève les yeux vers lui.

— Je blague, voyons ! Je suis contente que tu m'aies apporté les feuilles de maths. De plus, pendant une heure, je n'ai pas eu à écouter le radotage de ma grand-mère. Il pleut toujours ?

Devant l'amabilité soudaine de Raphaëlle, Tristan se sent désarmé.

— Ouais. Tu n'aurais pas un parapluie à me prêter ?

— Oui, bien sûr !

Elle l'accompagne dans le vestibule où elle lui en remet un. Grand-maman les rejoint.

— Tu t'en vas déjà, Christian ?

Le regard des deux jeunes se croise. L'un est attristé, le second est exaspéré.

— Oui, je dois aller chercher ma sœur.

— Moi, je n'ai pas de sœur. Par contre, j'ai eu huit frères. Jérôme n'est pas venu à mes noces. Il était décédé. Un accident horrible… Quand j'y repense, j'en ai des frissons ! Il était dans la grange et…

Discrètement, Tristan lève la manche de son manteau et jette un œil sur sa montre. Il semble nerveux. Raphaëlle le surprend.

— Si ta mère n'est pas là à ton retour, viens frapper à ma porte.

Tristan la gratifie d'un sourire.

— ... les grains sont alors tombés sur lui dans le silo et...

— Ma sœur doit avoir une clé dans son sac à dos. Au pire, j'accepte ton invitation. Je reviendrai. Merci encore.

— Ça m'a fait plaisir, Tristan.

— ... on ne s'en est rendu compte que tard le soir. En fait, je crois que c'est à l'heure du souper que son absence a commencé à nous inquiéter.

Tristan salue la dame qui s'interrompt, surprise qu'il s'en aille. Il ouvre la porte puis a une hésitation. Il pince les lèvres et se risque à demander à Raphaëlle.

— Peux-tu me rappeler pourquoi on se déteste ? Je n'arrive pas à me souvenir.

Il plonge un regard franc et direct au plus profond des yeux de Raphaëlle. Jamais elle ne s'est sentie aussi vulnérable. Pendant quelques secondes, elle reste désemparée, incapable de répondre à la question que lui a posée Tristan. D'ailleurs, ça n'a pas d'importance, car il est déjà parti.

Pression sur les épaules de Tristan

RAPHAËLLE RESTE LONGTEMPS TROUBLÉE PAR LA QUESTION DE TRISTAN. SURTOUT À CAUSE DU REGARD QUI L'A TRANSPERCée. Jamais elle ne s'est sentie aussi déstabilisée devant quelqu'un. Bon, avouons qu'un juge de patinage artistique l'a déjà fait trembler, mais pas de la même manière.

Au lieu de retourner étudier, elle s'installe à la fenêtre de sa chambre pour guetter le retour de son voisin. Quand elle aperçoit la voiture de madame Roberge s'engager dans l'allée, elle soupire de soulagement. Elle ne sait comment elle aurait réagi s'il avait fallu qu'elle invite de nouveau Tristan chez elle. D'ailleurs, il est sorti de la voiture en même temps que sa sœur. Probablement qu'il a rencontré sa mère sur le chemin de l'école.

Avant d'entrer chez lui, Tristan jette un coup d'œil sur la maison de Raphaëlle. Elle se cache derrière le rideau, espérant qu'il ne l'a pas surprise en train d'espionner son retour. Au même moment, l'auto de sa mère s'engouffre dans leur entrée. Les deux mères engagent la conversation. Tristan remet à sa voisine le parapluie que Raphaëlle lui a prêté plus tôt. La pluie semble avoir cessé. Raphaëlle a une envie irrésistible d'aller jogger. Son inertie des derniers jours lui pèse soudainement.

Elle enfile un survêtement et dévale l'escalier. Elle se retrouve dehors en moins de deux. Grand-maman, qui regarde un jeu télévisé, ne s'est rendu compte de rien. Madame Langevin est heureuse de voir sa fille resplendissante.

— Tiens, bonjour ma chérie ! Mais où vas-tu ?

— Bonjour maman ! Bonjour madame Roberge ! Je vais jogger.

— Cesse de m'appeler madame Roberge, et appelle-moi Sylvie ! lance, joyeusement, la voisine.

Déjà, Raphaëlle s'éloigne.

— Oh ! Mais je viens de remarquer qu'elle a un plâtre ? s'étonne Sylvie.

— C'est arrivé lundi soir dernier. Une mauvaise chute. Ça me brise le cœur. Elle avait des chances de podium.

Les voisines discutent encore quelques minutes avant de retourner chacune chez elle. Dans la cuisine, Sylvie surprend Tristan la tête dans le frigo. Il le dévalise chaque fois qu'il revient de l'école. Ces derniers temps, elle a remarqué qu'il a engraissé et qu'il devient moins souple sur ses patins.

— Tu devrais aller jogger comme Raphaëlle. Cette fille a du cœur au ventre. Cette jeune est courageuse de courir même avec un bras dans le plâtre

Tristan pousse un soupir avant de refermer la porte du réfrigérateur.

— J'ai un examen de mathématiques demain. Je dois aller étudier, ajoute-t-il avant d'aller se réfugier dans sa chambre.

Il vient de se souvenir à quel point il en veut à Raphaëlle d'être ce qu'il n'est pas aux yeux de sa mère.

Quand Sylvie l'appelle pour venir souper, il anticipe une fois de plus ses réprimandes. Comme prévu, elle l'attaque dès qu'il entre dans la salle à manger.

— C'est ta sœur qui a mis la table.

« Quel exploit ! » aurait-il envie de dire sur un ton sarcastique. Mais il se tait. Quand même, il n'était pas en train de faire un mauvais coup ou de flâner devant la télé ! Il n'en revient pas : elle lui en veut parce qu'il étudiait !

— Papa travaille à la pharmacie ce soir ? demande-t-il, en voyant qu'il n'y a que trois napperons.

— Oui. Il a demandé que tu ailles travailler avec lui, samedi.

Tristan se renfrogne. Il déteste aller bosser à la pharmacie. Deux ou trois employés s'amusent à le provoquer. Les tâches à accomplir ne lui apportent aucune satisfaction et son manque de motivation est palpable.

Étant donné qu'il ne veut pas déplaire à son père, il accepte toujours d'y aller. Il ne comprend pas pourquoi son père a décidé un jour d'étudier la pharmacie. Quel intérêt y trouve-t-il ? Compter des pilules ? Quel ennui ! Bien sûr, monsieur Roberge est fier de son entreprise et a plus d'une fois lancé qu'il espérait que Tristan en prendrait la relève quand il aurait pris sa retraite du hockey professionnel. Une entreprise idéale pour les vieux jours de son fils. Il a déjà tracé toute sa vie. Sauf qu'il ne lui a jamais demandé son avis. Tristan trouve souvent difficile de parler de ses aspirations, de ses espoirs, de ses rêves. Il aimerait tant lui dire qu'il se passionne pour la scène ! Et quand il joue dans une pièce de théâtre, lui exprimer à quel point il se sent à sa place. Il ne joue pas seulement un rôle, il entre avec facilité dans la peau d'un personnage. Il extériorise souvent toutes ses émotions, c'est son échappatoire. Parfois, lors de représentations, devant la foule constituée de parents et d'élèves, il se permet même de pleurer ! Bien sûr, il affirme chaque fois que c'est pour en mettre plein la vue au public, et même qu'il croit ce qu'il dit. Plus d'une fois, ses coéquipiers de hockey l'ont ridiculisé d'être Macbeth, ou simplement monsieur Martin dans une scène de *La cantatrice chauve*, d'Eugène Ionesco. Il est si loin de son rôle de gardien de but. L'impitoyable gardien de but au sang-froid. Celui qui glisse de droite à gauche devant sa cage, toujours aux aguets, les réflexes en alerte. Il est toute la fierté de son père. Quand Tristan est gardien de but, il ne peut songer à Shakespeare ni à Molière et encore moins à Tardieu. Il est incapable de se mettre à genoux, de supplier son père d'empêcher un exil certain dans une ligue mineure américaine. L'implorer de lui laisser remplir sa demande pour l'école nationale de théâtre est au-dessus de ses forces. Il préfère risquer sa chance au hockey.

Mais s'il ne réussit pas, son père sera tellement déçu.

La famille a fait d'énormes sacrifices en trimbalant Tristan dans les meilleures écoles d'été de gardiens de but, sans compter les participations dans les ligues de printemps et les entraînements réguliers l'automne et l'hiver. Des heures et des heures passées dans les arénas, à le conduire parfois loin de la maison pour disputer ses joutes et même ses entraînements. Combien de fois l'un de ses parents s'est-il levé tôt le matin pour l'amener à la patinoire ? La plupart du temps, Justine, la petite sœur de Tristan, doit suivre ses parents et son frère. Elle ne fait pas de sport, car tous les projecteurs sont sur son frère. Elle aimerait bien s'inscrire à un cours de danse, mais ses parents ont refusé, invoquant le fait qu'elle pourrait s'absenter à plusieurs reprises s'ils devaient se rendre à des tournois de hockey ou des matchs à l'extérieur de la ville. Car les deux parents ne manquaient aucune partie. À moins d'un imprévu vraiment pachydermique.

— Samedi, j'ai un entraînement hors glace. L'entraîneur veut que nous soyons au gym à huit heures du matin.

Sylvie s'étonne :

— Tiens, c'est nouveau ? On ne m'en a pas parlé.

— Pourtant, papa est au courant.

— Ah oui ? Il a dû oublier. Je vais lui téléphoner pour l'avertir de ton absence samedi.

Tristan en profite pour inspecter les plats : la faim le tenaille. Il ouvre la porte du réfrigérateur et prend une branche de céleri.

— On va manger bientôt, fait Sylvie en composant le numéro de téléphone de la pharmacie.

« Comme si le céleri pouvait me couper l'appétit », pense Tristan en levant les yeux au ciel.

Il rejoint, au salon, sa sœur qui regarde la télévision. L'émission présentée est si ennuyante que Tristan choisit de retourner à la cuisine.

— Tu peux aller à la pharmacie à compter de midi ? lui demande sa mère, le combiné du téléphone à l'oreille.

Tristan avait prévu de se rendre à l'école pour une répétition de théâtre. Il doit rapidement trouver une excuse. Il déteste tant mentir à ses parents. Cette répétition est importante. Il hésite. Pourtant, il s'entend dire :

— J'ai prévu d'étudier avec des amis, mais…

Comme il se sent lâche de refuser d'aller travailler. Son père serait déçu de savoir qu'il préfère répéter une pièce de théâtre plutôt que d'aller travailler à la pharmacie. Les remords l'habitent déjà comme des fantômes. Ils sont déjà un millier à partager son quotidien. Tous ces mensonges le rongent.

— Bon, d'accord, je vais aller travailler samedi après-midi.

— Voyons ! Tes études sont plus importantes.

Il tourne le dos à sa mère et croque dans son céleri avec rage. Il se hait de faire croire qu'il étudiera. Le théâtre est une activité parascolaire de l'école. Aucune note n'est attribuée au bulletin. Ses parents seraient tellement déçus s'ils savaient la vérité. Même s'il ne fait rien de bien méchant, ce n'est pas ce qu'ils ont prévu pour lui.

Un devoir et une amitié en prime

COMME IL EST DIFFICILE D'ÊTRE PARFAITE AUX YEUX DE SA MÈRE ! RAPHAËLLE EN SAIT LONG SUR LE SUJET. SURTOUT EN ce moment, alors qu'elle n'arrive pas à résoudre les problèmes de mathématiques que Tristan lui a apportés. Elle sait très bien que, si elle échoue à son examen, sa mère sera démolie par la déception, ce qu'elle ne veut plus revoir de sa vie. C'était arrivé lors d'un test de patin auquel elle avait échoué. Elle s'était promis que plus jamais elle ne verrait le regard dépité de sa mère. Quelle lourde tâche d'être parfaite !

Face à sa calculatrice, deux solutions s'offrent à Raphaëlle : Un, feindre d'être souffrante demain matin et garder le lit. Deux, puisque l'enseignant est peu conciliant et encore moins coopératif dans les cas de reprise d'examen, Raphaëlle doit le passer demain ET le réussir haut la main. De plus, il est prouvé que l'examen de reprise comporte des questions beaucoup plus difficiles, sans parler de nombreux pièges glissés ici et là. Le premier examen, une fois passé, circule librement (moyennant une modique somme). Gare aux retardataires, peu importe leur raison !

« Et si je le rate ? » se demande Raphaëlle. « Ce ne sera pas la fin du monde ! ».

Oh si, ce le sera ! Durant toute l'année scolaire, sa moyenne sera affectée par cet échec. Sa mère le lui rappellera à tout moment, c'est garanti. Elle entend déjà les « Dommage ! À cause de ton accident, ta moyenne a dégringolé ! » et des « Oh ! Cette moyenne en mathématiques… Quel ennui ! Ton professeur aurait dû prendre en considération que tu avais manqué des cours. Et voilà, maintenant, à cause de cela, tu es sous la moyenne de la classe. » Autrement dit, elle sera NULLE. Une incapable ! Une moins que rien ! La mère de Raphaëlle le répétera à mamie et grand-mère le répétera à tante Brigitte qui le dira à oncle Pierre qui lui le dira à… Ils sauront tous qu'elle aura échoué à son examen de mathématiques, cette pauvre cruche qui est tombée sur son bras en sortant de l'aréna.

Il y a qu'une seule solution : demander l'aide de Tristan afin qu'il lui explique ce qu'elle ne comprend pas. Même si elle doit lui avouer qu'elle n'est pas parfaite puisqu'elle n'arrive pas à terminer ses exercices.

Peu de fois, dans sa vie, Raphaëlle a été confrontée à ce problème : admettre qu'elle est humaine et donc encline à l'erreur. Jamais on ne lui a montré qu'elle avait le droit de se tromper. On a toujours voulu qu'elle donne le meilleur d'elle-même : la perfection.

Alors qu'elle imagine une humiliation certaine, Raphaëlle prend son courage à deux mains et attrape ses livres. Elle se décide à aller frapper à la porte de son voisin pour lui réclamer de l'aide. Mais, avant, elle doit prévenir sa mère.

— Maman, je vais chez Tristan, notre voisin, pour qu'il… euh ! m'explique deux ou trois trucs que je ne comprends pas en mathématiques.

— Tristan-notre-voisin ?

Raphaëlle lève les yeux au ciel. Il est certain que maintenant elle sera inondée de questions.

— Tristan-notre-voisin est dans la même classe que toi ? Tu ne me l'as jamais dit !

— Grmmmmmlelelemmmgrrrr.

— Arrête de marmonner ! Je n'entends rien quand tu grognes comme ça.

Raphaëlle soupire puis répète :

— Je vais chez Tristan pour qu'il m'explique la matière qu'ils ont vue en mathématiques. Eh oui, il est dans mon cours. Et non, je ne te l'ai jamais dit parce que… parce que je ne l'avais pas remarqué avant la semaine dernière, improvise-t-elle.

« Menteuse ! » se dit-elle. Tristan est le plus beau gars qu'elle ait jamais rencontré. Elle l'a remarqué dès la première journée de classe, la première journée où ils ont déménagé. Néanmoins, elle a tôt découvert ses airs prétentieux et hautains.

Elle ferme la porte derrière elle afin de fuir les questions. Par contre, elle sent qu'elle n'a plus d'autre choix que de se rendre chez Tristan. Si elle n'y va pas, elle aura droit à une multitude de questions de la part de sa mère. Raphaëlle venait elle-même de se faufiler dans un guet-apens. Bien sûr ! Elle se rend compte qu'il ne faut absolument pas qu'elle échoue à son examen ET qu'elle doit être gentille avec Tristan-son-voisin.

Raphaëlle appuie sur la sonnette. À travers le rideau de la vitre de la porte, elle voit le va-et-vient des occupants de la maison. Elle se rend compte qu'elle n'a entendu aucun « ding dong ». La sonnette serait-elle brisée ? Ou peut-être l'a-t-on vue et a-t-on décidé de l'ignorer ? Frapper à la porte ou attendre encore ? Elle se décide enfin et cogne plus fort qu'elle ne l'aurait souhaité. Elle voit alors l'ombre d'une personne s'approcher et on lui ouvre la porte. Tristan est si surpris de voir Raphaëlle qu'il ne la salue pas.

— Je… heu… Eh bien, tu m'as offert de m'expliquer les problèmes de mathématiques et j'accepte ton aide.

Tristan sourit en coin. Raphaëlle perçoit un éclair de moquerie dans ses yeux. Susceptible, elle tourne les talons.

— Allez, Raphaëlle, viens ! J'allais justement m'installer pour étudier.

L'adolescente doit marcher sur son orgueil pour faire face à Tristan.

— Allez ! insiste-t-il.

Elle hait son sourire qu'elle sent méprisant. Il ouvre plus grand la porte. Elle le défie du regard et accepte d'entrer tout en prenant bien soin de lui marcher sur le pied.

— Aïe !

— Oups ! Excuse-moi ! fait-elle, avec un air faussement désolé.

Tristan a subitement le goût de lui rouvrir la porte et de lui ordonner de retourner chez elle. Raphaëlle se déchausse puis se tourne vers Tristan avec un air angélique. Le jeune homme ne peut s'empêcher d'éclater de rire, ce qui la surprend.

— Deux à un ! fait-il en pouffant de rire.

Raphaëlle a l'impression qu'elle pourrait bien s'entendre avec son voisin. Il ne faut jamais se fier aux premières impressions.

Sous l'impulsion du moment, elle lui avoue :

— Moi non plus, je ne sais pas pourquoi nous nous détestons.

Tristan a un sourire franc, qui plaît aussitôt à l'adolescente.

— Qui vient d'arriver ? demande Sylvie en venant vers eux. Oh ! Raphaëlle ! Quel bon vent t'amène chez nous ?

— Nous allons étudier nos mathématiques, fait Tristan en ne laissant pas le temps à Raphaëlle de répondre. Viens, mes livres sont déjà tous étalés sur mon pupitre.

— Vous pouvez vous installer sur la table de la cuisine, vous y serez bien mieux, propose la mère de Tristan.

En passant dans la cuisine, Raphaëlle remarque que, sur la table, traînent encore les napperons, la corbeille de pain, la salière et la poivrière. Dans l'évier s'empilent quelques chaudrons. Elle sait que l'endroit est à éviter. Comment étudier dans un lieu où on fait la vaisselle et où il y a un va-et-vient incessant. Par contre, se rendre dans la chambre de son voisin l'intimide au plus haut point. En y entrant, Tristan s'excuse :

— Regarde pas le ménage, j'y suis allergique.

En effet, un fouillis indescriptible jonche le sol de la pièce. Raphaëlle, étonnée, reste sur le seuil.

Raphaëlle éclate de rire. Elle fait une vingtaine de pas et, sans se retourner, lui avoue d'une voix forte :

— Disons que je te déteste un peu moins !

— Mais pour quelles raisons ? crie-t-il.

— Bye !

Elle rentre chez elle, le cœur joyeux. Tout compte fait, elle trouve qu'il n'est pas hautain. Peut-être un peu prétentieux... mais, surtout, elle le trouve drôle.

— Non, mais...! Pourquoi hurles-tu ainsi dehors ? lui reproche aussitôt sa mère.

Raphaëlle perd aussitôt sa gaieté.

— Franchement ! Je ne hurlais pas.

— Ne rouspète pas. Allez, tu dois te coucher si tu veux être en forme demain.

— Maman ! Il est neuf heures moins dix, il est trop tôt. Et puis, j'ai encore de l'étude.

— Comment, encore de l'étude ! Tu n'avais que ça à faire, aujourd'hui ! Ce plâtre te rend paresseuse.

— Je ne suis pas paresseuse ! Je n'ai su qu'en fin de journée que j'avais un examen demain.

La mère et la fille se font face. Raphaëlle déteste quand sa mère la juge aussi durement.

— Est-ce que je peux aller étudier ?

— Mouais. Vas-y !

Alors qu'elle descend l'escalier pour se rendre au bureau, elle entend sa mère dire à son père :

— J'espère vraiment qu'elle est allée étudier chez Tristan.

— Fais-lui confiance. Elle n'a plus quatre ans. Tu es trop mère poule.

Raphaëlle s'enferme puis ouvre l'ordinateur. Elle écrit aussitôt :

Salut Tristan,
Et toi, pourquoi me détestes-tu ?
Raph

Elle envoie le message et attend patiemment une réponse. Elle ouvre ses livres et entreprend de faire à nouveau les problèmes qu'elle n'a pas encore eu le temps de faire avec son voisin. Grâce aux explications de Tristan, tout est beaucoup plus facile. Elle n'a pas terminé le premier exercice que l'ordinateur lui indique, de façon sonore, qu'elle a reçu un message.

Salut Raph,
Pour que je te déteste moins, il faudrait que tu arrêtes d'aller faire du jogging. Comme ça, ma mère cesserait de me dire que je suis fainéant.
Tristan

Les doigts de Raphaëlle s'activent aussitôt sur le clavier.

Toi, fainéant ? Mais non ! Tu es le fils que ma mère aurait souhaité avoir juste parce qu'elle t'a vu aider la tienne à laver les vitres. Et pourquoi ne viendrais-tu pas jogger avec moi ?

La réponse tarde à revenir. Si bien que Raphaëlle a le temps de résoudre deux problèmes. Puis, le message arrive enfin :

Je ne veux pas jogger, je veux que tu te tiennes tranquille afin que je puisse regarder la télé sans me sentir coupable. Bon, ok. Demain, après l'école, j'irai courir avec toi.

Raphaëlle a le cœur battant. Elle ne se rappelle même plus pourquoi elle haïssait Tristan. Il est tout le contraire de ce qu'elle croyait. Elle s'en est rendu compte en étudiant avec lui. Il a pris son temps pour tout lui expliquer, avec patience, tout en lui glissant quelques blagues.

Il a un très beau rire et, avouons qu'elle en est revenue à sa première impression : il est adorable.

La méfiance de Raphaëlle

Le lendemain, Tristan est déjà à l'arrêt d'autobus quand Raphaëlle sort de chez elle. Elle remonte son collet, resserre le foulard multicolore qui entoure son cou. Novembre est triste quand les arbres sont dénudés. Le ciel est gris, le froid si présent qu'on en vient à espérer l'arrivée hâtive de la neige. L'adolescente marche d'un bon pas vers le coin de la rue.

— Raphaëlle !

Non loin derrière elle, Mélodie accourt. Elle a les yeux brillants d'excitation ; elle semble détenir le plus grand secret du monde. C'est toujours ainsi quand elle vient d'apprendre le dernier potin. Chaque fois, elle lance :

— Devine quoi ?

Invariablement, Raphaëlle répond :

— Je ne sais pas.

Cette fois-ci, la nouvelle est sensationnelle :

— Mathieu et Olivia ont cassé !

— Non ! Pas vrai ! Comment l'as-tu su ?

— C'est Olivia qui l'a dit à Noémie sur le *chat*, qui l'a annoncé à Alexandra, qui l'a dit à Sophie puis elle m'a transféré le message.

Raphaëlle en déduit donc que tous les étudiants de l'école sont au courant. Comme d'habitude, elle est la dernière à l'apprendre.

— Je suis très étonnée, déclare Raphaëlle. Ils formaient un si beau couple !

— Tu sais la dernière ?

— Non, je ne sais pas.

— Il paraît qu'Olivia aurait couché avec Sébastien. Mathieu l'aurait su par l'entremise de Bianca. Elle les avait vus ensemble, un soir, alors qu'Olivia avait dit à Mathieu qu'elle ne pouvait pas sortir.

Raphaëlle n'en revient tout simplement pas. Depuis qu'elle a déménagé dans cette ville, et surtout depuis qu'elle est amie avec Mélodie, elle a l'impression d'avoir vieilli de dix ans. D'être passée de l'enfance à l'adolescence en un clin d'œil. En effet, auparavant, son monde se limitait à l'aréna. Ses meilleures amies étaient deux patineuses, plus jeunes qu'elle. Bien sûr, Catherine et Marie-Pier sont encore ses camarades, mais Raphaëlle préfère de loin la compagnie de Mélodie. Cette dernière est aux antipodes du monde de la patineuse. Avant de faire connaissance, Raphaëlle n'était qu'une gamine insouciante. Tout ce qui l'entourait n'était que sport, entraînement et étude. Maintenant, lorsque Mélodie lui raconte de telles rumeurs, l'adolescente en est secouée. Comme si elle découvrait la vie, celle qui bat à l'extérieur de la patinoire. Peut-être parce que, avant de connaître Mélodie, personne ne lui apprenait ce genre de nouvelle.

Mélodie poursuit la narration de son histoire entourant la rupture de Mathieu et d'Olivia quand elles atteignent l'arrêt d'autobus. Comme d'habitude, Mélodie salue brièvement Tristan. Raphaëlle est embarrassée par la présence de Mélodie et ne sait comment réagir face à son nouvel ami. Avant aujourd'hui, jamais elle ne l'a salué. Elle se demande si Mélodie ne fera pas courir une rumeur à son sujet si elle se met tout à coup à parler avec Tristan, le matin, en attendant l'autobus.

— S'lut ! répond-il à Mélodie.

Son regard croise celui de Raphaëlle. Avant que l'un ou l'autre n'ait le temps de se dire quoi que ce soit, Mélodie poursuit, ignorant la présence de Tristan :

— Le pire, c'est qu'on ne sait même pas si Bianca dit la vérité. Olivia nie le fait qu'elle soit sortie avec Sébastien, et donc, encore plus qu'elle ait couché avec lui. Elle croit que c'est une stratégie de Bianca qui, tout le monde le sait, est amoureuse de Mathieu. Elle aurait simplement inventé cette histoire pour semer la discorde entre Olivia et lui. Je n'ai jamais fait confiance en Bianca, c'est une vipère ! Tiens l'autobus arrive !

Mélodie est la première à monter dans l'autobus. Tristan laisse Raphaëlle passer devant lui. Elle a tout juste le temps d'entendre :

— Prête pour l'examen de mathématiques ?

Elle lui répond tout de go :

— Prêt pour aller jogger ce soir ?

Il émet un petit rire qui l'égaye. En s'assoyant près de Mélodie, l'inquiétude s'empare de Raphaëlle. Elle se demande si ce ricanement était moqueur ou amusé. Elle perd alors toute assurance et est à nouveau sur ses gardes. Le bavardage de sa copine ne l'atteint plus. Elle risque un coup d'œil derrière elle où, trois bancs plus loin, Tristan est assis. Elle surprend son regard posé sur elle. Raphaëlle ne parvient pas à déchiffrer le sourire esquissé par le jeune homme.

Arrivée à l'école, Raphaëlle descend de l'autobus avant lui. Elle décide de l'attendre afin de l'affronter. Elle est persuadée qu'il se moquera d'elle. Prête, elle prépare une réplique. Elle s'en veut d'avoir *chaté* avec lui la veille. Peut-être qu'aujourd'hui leur conversation aura fait le tour le l'école.

Surprise que Raphaëlle ne la suive pas, Mélodie lui demande :

— Qu'est-ce que tu fais ?

— J'attends Tristan. J'ai un truc à lui demander en mathématiques, improvise-t-elle.

— Ah oui ! Tu as un examen aujourd'hui.

Tristan arbore toujours ce sourire idiot quand il passe devant elle en l'ignorant. Elle en est insultée.

— Tristan ! Raphaëlle veut te demander quelque chose ! lance Mélodie.

« Non, mais de quoi se mêle-t-elle ? » pense Raphaëlle, exaspérée.

— Ah oui ? Quoi donc ?

— Euh ! Le problème 38… En fait… Je ne me souviens pas exactement, je dois prendre mon cahier.

Elle fait mine d'ouvrir son sac.

— Allons à ton casier, décide-t-il, on gèle dehors. On a dix minutes avant que la cloche sonne. On pourrait regarder ça ensemble.

— Moi, je file voir Olivia. Ciao !

Mélodie s'enfuit, laissant Tristan avec Raphaëlle. Il la suit jusqu'à son casier. Cette dernière ouvre son sac, attrape son lunch et, avant de le placer dans son casier, sort un contenant de plastique et se rend à la poubelle pour y vider le contenu.

— Pourquoi as-tu fait ça ? s'enquiert Tristan, étonné par le comportement étrange de sa nouvelle amie..

— Le vendredi est le jour de la salade de légumineuses.

Tristan la dévisage pendant un instant, sans comprendre.

— Je déteste les pois chiches, explique-t-elle.

Elle vide son sac d'école, lance ses cahiers au fond de son casier sans égard pour le jeune homme qui se tient près d'elle. D'un coup de hanche, elle ferme la porte.

— Tu ne ferais rien pour déplaire à ta mère, n'est-ce pas ? lance-t-il.

Raphaëlle le fusille du regard. Comment peut-elle l'avoir trouvé gentil et charmant hier soir ? Il est à nouveau imprégné de cet air insolent qu'elle déteste tant.

— Alors, qu'est-ce que tu ne comprends pas en maths ?

— Rien. Je n'ai pas besoin d'explications.

Tristan est surpris par cette réponse froide. Il baisse les bras, présente les paumes de ses mains en signe d'incompréhension.

— Pourquoi agis-tu ainsi ? Je t'ai blessée ?

Raphaëlle ne répond pas. Elle passe devant lui, quelques cahiers dans les bras, se débrouillant mieux qu'elle ne l'aurait cru avec son bras plâtré.

— Je sais que les filles sont compliquées. Mais toi, tu es la reine !

N'en pouvant plus, elle se tourne vers lui :

— Depuis que je t'ai vu ce matin, j'ai l'impression que tu te moques de moi. Tu as cet air suffisant et supérieur qui m'agace. Je sais qu'à la moindre parole ou au moindre geste, tu t'es promis de te moquer de moi.

Et vlan ! Elle déguerpit pour se rendre au local de mathématiques. Tristan tombe des nues. Il est aussi sonné que s'il avait été mis en échec sur la glace.

Un peu de jogging avec ça ?

Comme d'habitude, à l'heure du dîner, Tristan se rend à la bibliothèque. Des yeux, il balaie la salle à la recherche de Raphaëlle afin de lui soutirer quelques explications. Pourquoi s'est-elle volatilisée dès la fin du cours de mathématiques ? Son comportement, qu'il qualifie d'enfantin, l'ennuie. Il est déchiré : d'un côté, il aimerait lui dire qu'elle est complètement imprévisible et qu'il préfère qu'elle ne lui demande plus jamais d'aide en mathématiques, de l'autre il aimerait la comprendre.

Il ne voit aucune jeune fille affublée d'un plâtre au bras gauche. Il ne sait pas s'il est déçu ou non. Il choisit donc de s'asseoir à une table déserte. Des amis l'avaient invité à jouer au football sur le terrain extérieur, mais il a préféré réviser son texte pour sa répétition de théâtre qui aura lieu le lendemain après-midi. Il souhaite tellement que son père ne lui réitère pas son offre d'aller travailler avec lui à la pharmacie. Il se plonge, sans égard au va-et-vient incessant des élèves en quête de livres ou de bandes dessinées, dans la lecture de son texte. Il n'est plus un élève dans une bibliothèque, mais Argan, le malade imaginaire.

Raphaëlle cherche un livre parmi tous ceux qui sont entassés sur les étagères, quelque chose pour l'accompagner dans ses moments de solitude et d'ennui. Les entraînements de patinage quotidiens lui manquent déjà. Elle a même hâte d'aller jogger ce soir. Maintenant qu'elle ne ressent plus aucune douleur, elle se sent paresseuse de ne pas s'entraîner. Elle a tant envie de bouger, de danser même ! Tiens, si elle reprenait ce cours de hip-hop auquel elle s'était inscrite l'an dernier ? Bien sûr, elle a manqué plus d'une leçon à cause de compétitions ou d'entraînements supplémentaires. De ce fait, elle n'avait pu participer au spectacle de fin d'année, ce qui l'avait désolée. Au courant de l'été, elle avait visionné la représentation sur DVD et, pendant tout le spectacle, son estomac était resté contracté : elle avait l'impression de ne pas avoir participé à une expérience enrichissante et gratifiante. Elle a toujours fait un sport individuel, travaillé en solitaire. En danse, il y avait cet esprit d'équipe, d'unité, qui l'enthousiasmait. Mais sa mère l'avait convaincue que la danse hip-hop ne pouvait améliorer ses performances en patinage artistique et qu'elle perdait un temps précieux qu'elle aurait pu consacrer à des entraînements plus bénéfiques ou à de l'étude.

En changeant d'allée, Raphaëlle aperçoit Tristan. Son premier réflexe est de reculer d'un pas dans l'espoir qu'il ne l'ait pas vue. C'est ridicule de se cacher ainsi ! Elle décide donc de l'affronter une fois pour toutes. Elle se rend à sa table et s'assoit face à lui :

— Pourquoi avais-tu envie de te moquer de moi ce matin ? chuchote-t-elle.

Tristan, surpris d'être agressé de la sorte, relève la tête.

— Moi, j'avais envie de me moquer de toi ? Je ne sais pas de quoi tu parles. Parce que j'ai dit que tu ne ferais rien pour déplaire à ta mère ?

— Tu avais un sourire figé chaque fois que tu me regardais. Je ne te fais pas confiance. Tu prépares un mauvais coup.

Tristan en reste bouche bée. Il s'appuie sur les coudes et s'avance vers elle en la regardant bien droit dans les yeux.

— Si j'avais un sourire idiot figé dans la figure, c'est parce que je ne pouvais croire que j'allais jogger, ce soir, avec ma voisine. Je m'étais promis de te faire arrêter de jogger afin que mes parents cessent de me harceler pour que j'en fasse autant. Au lieu de quoi, tu as réussi à me convaincre d'aller courir.

Il s'adosse en croisant les bras et ajoute :

— Je n'en reviens pas encore. Quel pouvoir de persuasion !

Raphaëlle est interdite, perplexe.

— Tu ne *chattes* pas avec moi dans le but de publier nos conversations sur le net ?

Tristan hausse les sourcils, étonné et incrédule.

— Pourquoi est-ce que je ferais ça ?

La surveillante de la bibliothèque se dirige vers leur table et exige un silence immédiat. Les deux adolescents, pris en faute, plongent immédiatement le nez dans leur bouquin. Alors qu'elle s'éloigne, Raphaëlle chuchote :

— Ce n'est pas ce qui s'est passé avec la rupture entre Mathieu et Olivia ? Hier, la nouvelle a été publiée via Internet.

— Chuuuuuuuuuut ! fait la surveillante en les fusillant du regard.

Tristan ramasse ses livres et fait signe à Raphaëlle de le suivre à l'extérieur. Derrière son comptoir, la bibliothécaire suit leur déplacement. Raphaëlle aimerait lui tirer la langue, mais elle se retient. Ce n'est pourtant pas l'envie qui lui manque.

— Où on va ? demande-t-elle à Tristan en le suivant hors de la bibliothèque.

En guise de réponse, il hausse les épaules.

— Écoute Raphaëlle, je n'ai pas l'intention que nos conversations sur Internet soient lues par tout le monde. Je ne sais pas pourquoi tu as si peu confiance en moi. Tu m'attaques et je ne t'ai rien fait sauf accepter ton invitation à aller jogger. Souffrirais-tu de paranoïa ?

Une colère noire s'empare de la jeune fille. Tristan s'en rend compte aussitôt.

— Non, mais, tu vois ? On ne peut pas te parler sans que tu te sentes attaquée.

Il émet un long soupir théâtral. Il tend la main et dit :

— On recommence à zéro. Salut, je m'appelle Tristan Roberge et j'habite la maison voisine de la tienne. Tu ne peux pas cesser de jogger pour que mes parents arrêtent de me harceler ?

Raphaëlle le dévisage tout en recherchant en lui la moquerie. Tristan attend, la main tendue vers elle, qu'elle se décide à faire la paix. Elle doit se rendre à l'évidence : il est sincère. Elle lui sourit et accepte de lui serrer la main.

— Salut ! Je m'appelle Raphaëlle Langevin, je mesure 1 mètre 60 et j'adore la lasagne. Pourquoi ne viendrais-tu pas t'entraîner avec moi après l'école. Ça ne te ferait pas de tort et tes parents seront épatés.

Raphaëlle est heureuse de l'entendre éclater de rire. Son visage lui est sympathique. Radieux, ils se donnent rendez-vous après les cours.

La jeune fille se sent maintenant mieux. Vivre dans la colère et chercher constamment un coupable en la personne de Tristan la rendent amère. Elle préfère ce sentiment de camaraderie qui la lie à lui.

Beaucoup plus tard, en descendant de l'autobus, Mélodie semble pressée.

— J'ai un rendez-vous chez la coiffeuse, explique-t-elle. Maman m'a dit qu'aussitôt arrivée, elle et moi nous partirions pour nous y rendre.

— Tu vas te faire couper les cheveux ?

— Non ! Plutôt une teinture et des mèches. Ciao !

Raphaëlle encaisse le coup. Elle regarde Mélodie qui s'éloigne d'un pas rapide. Comme elle l'envie ! Elle a déjà abordé le sujet avec sa mère, mais il a vite été clos : tant qu'elle patinera, elle n'appliquera aucune couleur dans sa chevelure. Toutes les filles de sa classe ont des reflets artificiels qui donnent du style à leur coiffure. Elle en a marre de ses cheveux châtains, ternes et sans éclat. Elle en a assez de son visage angélique, sans maquillage. Elle aimerait suivre la mode et acheter les vêtements qui lui plaisent. Mais puisque c'est maman qui paie, la jeune fille ne peut émettre d'opinion. En fait, jusqu'à maintenant, elle partageait les goûts de sa mère. Maintenant, elle aurait envie de se créer un style. Pourtant, elle sait déjà que sa mère refusera de céder à ses caprices. Mais en sont-ils vraiment ?

Raphaëlle regarde s'éloigner son amie alors que Tristan la rejoint. Elle se tourne vers lui et se souvient des paroles qu'il a lancées ce matin au moment où elle a jeté sa salade, et où il a dit qu'elle avait peur de déplaire à sa mère. Elle soupire. Il a vu si juste et du premier coup !

— Tu as raison. Je n'ai pas le courage de tenir tête à ma mère.

À la fois surpris et intéressé par les propos de sa compagne, il l'encourage à poursuivre.

— Parfois, j'aurais envie de faire tout ce qui me plaît, de manger de la poutine et de boire du *Coke*. Maman me le défend parce qu'elle est persuadée que je vais devenir une grosse patate et que je n'arriverais plus à sauter. Qu'une patineuse qui veut réussir doit respecter en tout temps son régime. Je vendrais mon âme pour, une seule fois, me gaver de cochonneries.

— Puisque tu as jeté ton lunch ce matin, qu'est-ce que tu as mangé ce midi ?

Elle marche quelques pas avec lui avant d'avouer :

— J'avais trop de remords pour prendre le *hot chicken* qu'on servait à la cafétéria. J'ai choisi la salade du chef avec un jus de tomate. Je suis certaine que je vais en rêver cette nuit.

— En courant tous les jours, tu aurais vite fait d'éliminer ces gras.

— Tu parles ! On le servait avec des frites huileuses et… si appétissantes ! Les gras sont comme les remords : ils ne s'envolent pas aussi rapidement. Et puis, je suis certaine que maman l'aurait su.

— Ça fait quoi si elle le savait ?

Comment peut-elle lui expliquer qu'elle aurait droit à un cours complet de nutrition ? Il est certain que maman aurait exigé qu'elle monte sur le pèse-personne. Elle doit se soumettre à cette corvée une fois par semaine. La diététicienne, que sa mère l'oblige à rencontrer, mesure chaque mois son taux de graisse. Avant chacun de ces moments, Raphaëlle s'assure d'avoir pris un puissant laxatif.

Tristan comprend, dans le silence de sa confidente, la lourdeur de son régime alimentaire. Il n'émet aucun commentaire.

— Tu n'as qu'une vie à vivre, ne l'oublie jamais.

Raphaëlle interrompt sa marche. Ces paroles lui font l'effet d'un coup de canon. Tristan s'arrête à son tour et l'attend. Ce qu'il vient d'énoncer le rend perplexe. Sans s'en rendre compte, il a émis tout haut ce qu'il pensait tout bas depuis plusieurs mois. En fait, depuis qu'il a été repêché par le Midget AAA. Bien sûr, son père était fou de joie. Mais, lui, on ne pouvait pas en dire autant. Il doit avouer que, sur le coup de la nouvelle, il jubilait. Par contre, quand il a vu l'ampleur de la discipline exigée par le club élite et par les études, il s'est vite aperçu qu'il aurait peu de temps pour se consacrer à ce qu'il aimait tant : le théâtre. Et son père qui ne cessait de lui dire que, s'il persévérait, il pourrait être un excellent gardien de but et qu'il mettrait toutes les chances de son côté pour être repêché dans une bonne ligue junior. Par la suite, une équipe de la ligue nationale pourrait l'engager et il se verrait offrir un contrat de plusieurs millions de dollars. Comment dire à son père que le théâtre l'intéressait ? Un gagne-pain de crève-la-faim à comparer à celui de joueur de hockey. Pour son père, l'argent a beaucoup d'importance. Beaucoup plus que la passion et la simple joie de vivre. Bon, d'accord, il lui rétorquerait que parce qu'il vit confortablement, il ne sait pas ce qu'est la vraie vie. Pourtant, Tristan pourrait lui répondre :

« Et toi, tu sais ce que c'est que de profiter de la vie ? C'est autre chose qu'une hypothèque et une belle bagnole ! »

Côte à côte, les deux adolescents reprennent leur route, songeurs. Arrivés près de leur maison, Raphaëlle rompt le silence :

— Tu veux toujours aller jogger ?

Il sourit en coin.

— Je vais te détester pour le restant de mes jours.

Au lieu de s'enflammer, Raphaëlle le bouscule amicalement.

— Chez toi, je vais avoir ma photo et, tout près, un cierge brûlera pour l'éternité. On pourra y lire : « Cette fille a réussi à sortir monsieur Tristan Roberge de la léthargie qui s'était emparée de lui en cette année de grâce deux mille sept. »

Un grand éclat de rire s'empare du jeune homme. Il s'éloigne d'elle et lui lance d'un ton joyeux :

— On se retrouve dans cinq minutes. Le dernier arrivé est un pourri !

— Tu as utilisé le masculin ! C'est donc toi qui seras le dernier ! réplique-t-elle sur le même ton.

— Parce que le masculin l'emporte sur le féminin !

En entrant chez elle, un grand sourire illumine son visage. Comme elle se sent bien d'avoir un nouvel ami !

Une bien mauvaise journée

En ce samedi matin, une odeur de sueur plane dans la salle d'entraînement où se trouve Tristan. Tout comme ses coéquipiers, il est crevé. L'entraînement a été ardu et pénible. Il ne sent plus ses muscles.

— Je ne suis pas impressionné par votre travail, fait monsieur Garneau d'une voix forte et méprisante. Vous êtes à peine essoufflés ? La prochaine fois, je veux vous voir ramper.

Tristan a l'impression qu'un sentiment de puissance malsaine fait frissonner de bonheur son entraîneur. Un tyran, voilà comment il le perçoit. Comme il le déteste ! Jamais un compliment ne sort de sa bouche, même quand le jeune homme réussit un blanchissage. Tristan est certain que, si les joueurs le voulaient, ils n'auraient qu'à passer le mot pour que l'entraîneur soit renvoyé. Il leur suffirait de perdre plusieurs parties, de ne plus lui obéir au doigt et à l'œil et de manquer de discipline. Mais, comme lui, tous les coéquipiers le craignent et il reste trop peu de temps pour prouver leur talent aux dépisteurs.

L'adolescent s'empresse d'aller prendre sa douche. Le besoin de sortir rapidement de cet endroit l'emporte sur le fait qu'il doit se rendre à la pharmacie. En effet, son père n'a pu lui accorder un après-midi de congé comme il l'aurait souhaité.

— Eh, Roberge ! Premier aux douches, premier habillé ! Serais-tu pressé de revoir cette patineuse ? On t'a vu avec elle hier, en train de jogger.

Tristan se renfrogne. Il déteste étaler au grand jour sa vie personnelle.

— Je dois aller travailler à la pharmacie de mon père.

Beaudoin s'approche de lui. Sur un ton de confidence, il murmure :

— Tu pourrais m'apporter un contenant de *Creatine* ?

En enfilant son jean, Tristan grogne. Il n'aime pas rendre ce genre de service. Son père l'a souvent à l'œil. La caissière, madame Drouin, se fera un plaisir de passer le commentaire suivant : « Des suppléments alimentaires ? Il me semble que tu en as acheté la semaine dernière. J'ai remarqué que tu es plus… enrobé que la dernière fois que tu es venu travailler. Remarque que, pour un grand gaillard comme toi…

Tu mesures combien ? Un mètre quatre-vingts ? Bon, disons que la *Créatine* te donnera des muscles, mais... Tu ne dois pas seulement en mélanger dans ton jus, n'est-ce pas ? Avec ta carrure, tu dois en saupoudrer tes céréales et en mettre dans ton pâté chinois ? »

« Et toi, tu dois te nourrir de souris, non ? Ce n'est pas ce que font les vipères ? » a-t-il toujours envie de lui répondre.

Beaudoin ne pourrait-il pas s'en procurer lui-même ? Et au gym, il pourrait mettre la main sur des stéroïdes beaucoup plus puissants. Gingras, le responsable du gym, leur a passé le mot : il a du *Ripped Fuel* et, pour les plus téméraires, du *Winstrol-V*. Bien sûr, c'est plus dispendieux, mais les effets sont instantanés et remarquables. Jamais Tristan ne s'abaisserait à prendre du *Winstrol-V* qui est un produit d'usage vétérinaire et qui doit être administré par injection intramusculaire. De plus, ce stéroïde gonfle les muscles, ce qui nuirait à son rôle de gardien de but. Mais Beaudoin est un attaquant, un bagarreur. Durant les derniers entraînements, on lui a clairement mentionné qu'il pourrait être remplacé à tout moment. Beaudoin ne l'entend pas de cette oreille. Il est prêt à tout pour conserver sa place dans l'équipe. Même se droguer.

— Je vais voir ce que je peux faire. Je te téléphone ce soir ou demain, promet Tristan.

En sortant du gym, Tristan croise le père de Beaudoin. Ce dernier se tient droit comme un G.I. au garde-à-vous. Tristan connaît ce regard : on dirait un caporal dans un escadron. Comme à tous ses coéquipiers, les parents imposent à leurs enfants un régime de vie militaire. Il aimerait tant déserter. Il vivrait le reste de sa vie en nomade, jouant des pièces de théâtre pour gagner son pain. Bien sûr, il serait pauvre mais heureux. Mais le serait-il vraiment ? Son père le renierait à coup sûr. Pourrait-il vivre avec ce sentiment d'échec ? Même en faisant ce qu'il aime par-dessus tout au monde ? Il sait qu'amour paternel rime avec performance au hockey.

D'un pas lourd, il se rend à la pharmacie. Les couches gériatriques ne l'ont jamais autant écœuré. En plaçant la teinture pour les cheveux sur les tablettes, il esquisse un sourire. Penser à Raphaëlle le rend plus léger. Comme elle est jolie ! Et quand elle explose… Et si au lieu de rapporter de la *Creatine* à Beaudoin, il choisirait une teinture pour Raphaëlle. Serait-elle froissée ? Mmmouais. Sûrement.

La journée lui semble interminable. Il préférerait jogger avec sa voisine. Il doit avouer que courir est amusant. Surtout en compagnie de Raphaëlle. Il est sûr qu'elle ne prend aucun supplément. Elle est au mieux de sa forme et ce, naturellement. Aujourd'hui, au gymnase, il est persuadé qu'il y en avait plus d'un qui avait utilisé une substance quelconque. Il avait vu Dupuis prendre un comprimé de *Sudafed*. Il ne se cachait même plus pour avaler ces pilules. Comme il se sent loin de ces parties amicales qu'il disputait quand il était plus petit ! Tout est devenu beaucoup plus sérieux, moins amusant. Il a l'impression d'avoir quitté son adolescence sans avoir eu le temps de la vivre. Bien sûr, c'était son rêve de jouer dans cette équipe élite. La réalité est souvent bien décevante et Tristan l'a appris à ses dépens.

Le soleil est couché depuis bien longtemps quand il revient chez lui. Il est fatigué ; de plus, il a une faim de loup. Après avoir salué sa mère, il entreprend de dévaliser le réfrigérateur.

— Tu as des devoirs à finir ? lui demande sa mère du salon où elle est assise.

Il est vingt et une heures trente, c'est samedi, et Tristan n'a aucune envie de se pencher sur ses manuels scolaires.

— Ne compte pas sur demain. Tu as une partie à quatorze heures.

Sa mère a raison. Il quittera la maison autour de midi et ne sera pas de retour avant dix-huit heures. Il soupire en se versant un verre de lait géant. Il s'empare d'un sac de biscuits et va s'enfermer dans sa chambre. Il allume son ordinateur dans l'espoir d'avoir reçu quelques blagues de son ami Louis. Son vœu est exaucé : il lui a effectivement écrit. Par contre, le contenu n'a rien d'hilarant. Son copain lui apprend que la répétition de théâtre a été reportée au lendemain après-midi et que le professeur a clairement spécifié que si Tristan la ratait, il n'aura plus le premier rôle. Ni aucun rôle. La troupe ne pouvait plus compter sur lui s'il était une fois de plus absent.

Un sentiment de déception envahit le garçon. Il doit abandonner sa passion. Une fatigue extrême s'empare de tout son corps. Il aurait envie de pleurer, mais ne il ne se rappelle même plus comment faire. Son père lui a si souvent répété qu'un homme ne pleurait pas, que c'était pour les filles, qu'il se sent lâche d'être au bord des larmes. Jouer au théâtre n'était qu'un rêve. Il l'a su dès le premier instant où il a posé les pieds sur une scène. Il aurait dû s'écouter et fuir cet endroit au lieu de continuer à se rendre aux répétitions. Mais chaque fois qu'il poussait la porte de l'amphithéâtre, il oubliait ses responsabilités, son quotidien et la pression que son père lui infligeait. Il goûtait à la joie que lui procurait le fait d'être, pour un court moment, un personnage qui ne jouait pas au hockey, qui n'allait pas dans un collège et qui vivait d'autres problèmes que les siens. La réalité le rattrapait cependant dès qu'il sortait de l'auditorium. Et cette culpabilité qu'il traînait... Maintenant, il n'aura plus à se sentir fautif. D'ailleurs, il a pris du retard en français. Il est grand temps qu'il rédige le texte de son prochain oral.

« Ce n'est qu'un mal pour un bien », se dit-il pour se réconforter.

Son rêve s'écroule. Cependant, même au plus profond de lui, il ne peut s'avouer vaincu. Son orgueil l'en empêche. En fait, il ne s'agit pas de son orgueil à lui, mais bien de celui de son père.

Le rhume de Justine

RAPHAËLLE ENTEND DES ÉCLATS DE VOIX PROVENANT DE LA CUISINE. ELLE S'ÉTIRE ET REGARDE L'HEURE: DÉJÀ DIX HEURES! C'est la première fois depuis des siècles qu'elle ne s'est pas levée si tard un dimanche matin. Elle commence à tirer un avantage de son bras fracturé. Elle est bien au chaud sous ses couvertures. Elle aurait envie de glisser à nouveau dans les bras de Morphée. Malheureusement, la culpabilité s'empare d'elle. Autant d'heures au lit... Elle doit aller courir, brûler des gras ! Non, mais quelle paresseuse !

Elle dévale l'escalier et trouve sa mère pendue au téléphone.

— J'ai parlé avec son professeur et nous comptons reprendre l'entraînement la semaine prochaine.

Le fait qu'elle dise « nous » agace la jeune fille. À ce qu'elle sache, c'est elle seule qui s'entraîne, pas sa mère et elle.

— Oui, oui ! Même avec son plâtre ! Elle ne pourra pas sauter, mais elle s'entraînera quand même.

« Je me demande bien ce que je pourrai faire si je ne peux pas faire mes sauts », s'interroge sarcastiquement Raphaëlle en épluchant une orange.

L'idée d'aller patiner avec son plâtre ne l'enchante guère. C'est comme aller à la pêche sans canne à pêche, à la chasse sans fusil. Jouer au hockey sans bâton.

— Bien sûr ! Je suis certaine que ça va lui plaire.

Et elle raccroche. Raphaëlle fait comme si elle n'avait rien entendu.

— Raphaëlle, tu irais garder Justine cet après-midi ?

Prise au dépourvu, elle s'étonne :

— Justine ? Justine qui ?

— Ta voisine. Paul et Sylvie accompagnent Tristan à sa partie de hockey. Justine a un début de rhume et sa mère préfère qu'elle reste à la maison.

« Et moi, l'idiote, je vais aller me contaminer », songe Raphaëlle.

— Ta tante Brigitte m'a téléphoné. Elle et moi allons magasiner à Montréal, puis nous irons au cinéma. Peut-être qu'ensuite nous irons au resto.

La mère de Raphaëlle déborde de joie. Elle grimpe les marches deux à deux pour se rendre à sa chambre.

— Je ne sais pas si je dois mettre mon pantalon noir ou plutôt une robe. Oh ! Il y a si longtemps que je ne suis pas sortie !

Raphaëlle monte à son tour l'escalier quand elle entend à nouveau sa mère :

— Ça ne t'embête pas, chéri, si je sors aujourd'hui ? De toute façon, nous n'avions rien de prévu.

Raphaëlle entend son père grogner une réponse. Elle rejoint sa mère qui a déjà enfilé son pantalon et boutonne un chemisier.

— Qu'en penses-tu ?

Madame Langevin ajuste sa tenue et virevolte devant le miroir.

— Je crois que je vais mettre une robe.

Elle se dévêt à vive allure en éparpillant ses vêtements sur le sol.

— Maman, pourquoi as-tu accepté que j'aille garder sans me demander mon avis ?

— Que penses-tu de ma robe ?

— On dirait que tu as cinquante ans. Maman, dis-moi pourquoi je dois…

— Mon pantalon m'allait mieux ?

Afin de clore la discussion, Raphaëlle soupire et répond.

— Oui. Incontestablement.

La robe est lancée par-dessus le lit et s'étale sur le sol. Madame Langevin enfile son pantalon noir avec rapidité.

— Maman ?

— Oui ?

— Je t'ai posé une question.

— Je n'ai pas entendu.

Raphaëlle a envie de répliquer que, comme d'habitude, sa mère n'entend jamais rien de ce qu'elle lui dit. Afin de ne pas lui gâcher la journée, elle répète la question.

— Parce que tu es libre et que tu n'as rien d'autre à faire.

— Mais qui t'a dit que je n'avais rien d'autre à faire ?

— Voyons ! N'est-ce pas ce que tu fais, paresser, depuis que tu as ce plâtre ? Ne prends pas cet air outré ! Oh ! toi, quand tu t'y mets !

Raphaëlle ravale son envie de crier ; elle veut simplement comprendre. Si on veut bien prendre le temps de lui donner des explications. Alors que sa mère applique du fard sur ses paupières, elle l'éclaire :

— Il est grand temps que tu vives une vraie vie d'adolescente.

— Une vraie vie d'adolescente se résume à s'encabaner dans une maison et à garder des enfants ?

Raphaëlle se mord aussitôt les lèvres. Elle regrette sa réplique. Sa mère, à demi maquillée, se tourne vers elle et la fusille du regard. Raphaëlle décampe avant même d'entendre le commentaire de sa mère.

Peu après le dîner, Raphaëlle se rend chez les Roberge. Sylvie l'accueille avec un grand sourire, et une copie conforme, en miniature, se tient près d'elle. Mis à part le nez rougi de la plus jeune, elles se ressemblent incontestablement.

Sylvie donne les consignes quant à la sieste de la petite et au sirop à prendre. Raphaëlle est étourdie tant le flot de ses paroles est rapide et elle n'en saisit qu'une partie. En coup de vent, la mère rejoint son mari et son fils qui l'attendent dans la voiture. Raphaëlle reste seule avec la fillette qui la regarde, les yeux cernés. C'est tout juste si elle a eu le temps de saluer Tristan.

— Baban b'a donné l'audorisation de regarder un film, sniiiifff !

Raphaëlle se rend compte que la petite n'a pas qu'un début de rhume. Elle en a un. Un énorme ! Et le nez congestionné de la petite Justine la rebute.

— Très bien. Qu'est-ce qu'on regarde ? demande-t-elle en gardant une bonne distance entre elle et l'enfant.

Justine s'empresse de farfouiller dans la collection familiale. Elle cherche un film qui saura plaire autant à sa gardienne qu'à elle-même. La petite est trop timide pour lui avouer qu'elle aurait bien envie de regarder *Anastasia*, son film fétiche.

— Tu veux que nous cherchions toutes les deux, demande Raphaëlle en faisant un pas vers elle.

Justine a soudainement peur que sa gardienne ne voie sa collection complète de Walt Disney. À dix ans, on est bien trop grande pour posséder de tels films !

— Boi, j'ai envie gu'on aille sur Indernet, dit-elle, le nez bouché.

— Sur Internet ? Tu as le droit ? la questionne Raphaëlle, sceptique.

— Oui, bais je d'ai bas le droit de dchater !

Pendant un instant, Raphaëlle demeure perplexe. Elle n'est pas certaine d'avoir bien compris. Puis, son visage s'éclaire : la petite n'a pas le droit d'aller sur des sites de clavardage.

— Je connais des adresses Internet avec des jeux formidables, avoue la plus grande des deux. Tu adoreras.

Pendant plus de deux heures, les jeunes filles se promènent d'un site à l'autre. Si bien que Raphaëlle a complètement oublié l'heure de coucher Justine.

— J'ai bas envie de faire une sieste, rouspète la petite. Je ne suis bas fatiguée.

— Peut-être que ça te fera du bien. Juste un petit moment de repos. Viens, je vais te faire une tasse d'eau chaude avec du citron. Tu as des citrons ?

— Ze crois que oui, bais... De l'eau chaude et du zitron... Tu es certaine ?

— Allez ! Va prendre un bon bain chaud pendant que je te prépare cette boisson magique. Ensuite, on t'entourera d'une couverture et tu t'installeras devant la télé.

L'idée de se faire dorloter ainsi plaît à l'enfant. Un regain d'énergie l'envahit.

Plus tard, lovées l'une contre l'autre, elles rigolent en regardant des dessins animés. Justine ne s'est jamais sentie aussi à l'aise avec une gardienne.

L'heure du souper approche. Aucun signe de la famille de Tristan. D'ailleurs, Raphaëlle a oublié de leur demander l'heure de leur retour. Doit-elle préparer le souper ?

— J'ai faim, se plaint Justine.

— Qu'as-tu envie de manger ? Il me semble qu'une soupe poulet et nouilles est tout à fait indiquée quand on a un vilain rhume.

— Il be semble qu'une pidza sera bien beilleure !

Devant la mine pitoyable de la petite, Raphaëlle éclate de rire.

— D'accord ! Allons voir s'il y en a une cachée dans le congélateur.

Elles ne trouvent aucune pizza, mais se mettent vite d'accord pour un plat de lasagne. Pendant que le plat est au four, Raphaëlle téléphone chez elle pour avertir ses parents qu'elle soupera avec Justine. Elle tombe sur la boîte vocale, ce qui la surprend. Elle se rappelle que sa mère avait prévu d'aller au restaurant avec sa tante, mais son père… Bizarre !

Lorsque Tristan et ses parents reviennent, les filles terminent tout juste de ramasser les couverts.

— Alors, comment vas-tu ma puce ? demande Sylvie en l'étreignant.

— Gouci-Gouça. Est-ce que Drisdan a gagné ?

— Oui : 3 à 1. Qu'avez-vous mangé ? Oh ! Mais tu as de belles nattes ! Raphaëlle t'a bien coiffée.

Justine entreprend de lui raconter son après-midi et se lance même dans l'explication du jeu de cartes que Raphaëlle lui a appris. Elle omet de lui parler de la sieste qu'elle n'a pas faite, mais mentionne avec fierté qu'elle a déjà pris son bain.

— Je te remercie, Raphaëlle, lui dit Sylvie en lui tendant un billet de vingt dollars.

L'adolescente cherche du regard Tristan. Il s'est volatilisé dès son arrivée. Elle aurait aimé prendre de ses nouvelles. En sortant de la maison, elle se rend compte que, chez elle, tout est noir.

— Tes parents sont chez toi ? s'informe Sylvie.

— Maman est sortie. L'auto de papa n'est pas là. Il doit être parti, lui aussi.

— Tu as ta clé ?

Raphaëlle se sent fautive.

— Non. Je n'avais pas prévu qu'il s'absenterait. Je vais aller voir s'il a laissé la porte déverrouillée.

Elle revient, confuse.

— Je suis désolée. Ça ne vous dérange pas que j'attende ici ? demande-t-elle.

— Mais non, voyons.

— Si vous voulez, je vais lire une histoire à Justine. J'étais sur le point de le faire quand vous êtes arrivés.

Sylvie est enchantée par la proposition de Raphaëlle. La mère de Justine est lasse et elle aurait bien envie de prendre une douche. Son mari est d'humeur massacrante et il n'a sûrement pas envie de s'occuper de la petite. Quant à Tristan, on ne l'a pas vu depuis son retour.

Confidences

DANS LA CHAMBRE DE JUSTINE, RAPHAËLLE ENTEND LE SON DE LA VOIX DE MONSIEUR ROBERGE. IL EST VISIBLEment en colère. Elle en veut à son propre père d'être absent et de la contraindre ainsi à devenir le témoin de cette discussion.

— Bon frère a dû bal jouer, explique la petite. C'est toujours ainsi guand il a fait une bauvaise partie. Je n'aimerais pas être à sa place.

— Moi non plus, renchérit Raphaëlle. Allez, mouche ton nez.

Justine ne discute pas et obéit. Comme l'exige Raphaëlle, elle va se laver les mains puis se glisse entre ses draps.

— Je suis fatiguée. Je crois que je vais me goucher baintenant.

Raphaëlle borde la petite tout en se demandant où elle pourrait bien aller se réfugier. Le ton de monsieur Roberge ne l'incite pas du tout à se rendre à la cuisine. Peut-être devrait-elle partir en douce et aller chez Mélodie ? Et si cette dernière n'était pas chez elle ? Le dimanche soir, elle a l'habitude d'aller au restaurant pour souper.

— Bonne nuit, fait Justine.

Raphaëlle n'a plus le choix, elle doit sortir de la chambre, ce qu'elle fait sur la pointe des pieds.

— Hep !

Tristan est sur le seuil de sa chambre, l'air malheureux.

— Qu'est-ce qui se passe ? Pourquoi ton père est-il en colère ?

— Viens.

Elle le suit, sachant fort bien que ce n'est pas une bonne idée d'être seule avec lui dans sa chambre. Inquiète, elle lui demande.

— Et si ton père me trouve ici ?

— Tu n'as pas un oral à préparer en français ?

Elle acquiesce d'un signe de tête.

— Faisons semblant d'étudier. Il n'y verra que du feu. À moins que tu ne doives rentrer chez toi ?

— Non. C'est à mon tour d'avoir oublié ma clé.

Elle surprend un air moqueur dans le visage de son voisin, qui s'efface rapidement lorsqu'ils entendent un autre éclat de voix de monsieur Roberge.

— Pourquoi est-il en colère ? Ta mère a dit que vous aviez gagné. Tu as mal joué ?

Tristan s'assoit sur son lit en s'emparant de quelques feuilles mobiles.

— Je n'ai pas mal joué. Je n'ai pas bien joué non plus. Je n'ai même pas joué du tout.

Raphaëlle n'y comprend rien. Il explique.

— Puisque nous rencontrions l'équipe qui est dernière au classement, l'entraîneur a ordonné à Véronneau de garder les buts. Il a tellement bien joué qu'on a décidé qu'il serait de nouveau devant le filet à la prochaine partie. Mon poste de premier gardien est en jeu et mon père ne l'accepte tout simplement pas.

Raphaëlle compatit en silence.

— Et toi, comment as-tu pris la nouvelle ?

Tristan soupire et se laisse tomber à la renverse sur le lit. Raphaëlle s'assoit sur la chaise près de la table de travail.

— Je suis complètement écœuré. Je n'ai plus envie de jouer au hockey.

La jeune fille serre les lèvres. Elle inspecte les murs de la chambre et n'y voit que des trophées, des médailles et des photos souvenirs.

— Je ne comprends pas pourquoi ton père n'est pas fier de toi. Je n'ai pas le vingtième de tous les trophées que tu possèdes.

Elle dirige à nouveau son regard vers une autre étagère où différentes photos sont alignées. Que de glorieux souvenirs ! Elle découvre même quelques découpures de journaux où figure le nom de Tristan.

— Les honneurs n'ont rien à voir avec la fierté, répond-il au grand étonnement de Raphaëlle.

Songeuse, elle s'assoit sur le lit, près de Tristan.

— Il est toujours comme ça quand tu cèdes ta place à l'autre gardien ?

— Être deuxième gardien est ma plus grande peur. J'aime autant ne pas jouer. Mon père ne le supporterait pas.

— Tu es déçu ? Je veux dire, de ne pas avoir joué cet après-midi ?

— J'ai l'impression d'avoir perdu mon temps. Surtout que j'avais une répétition de théâtre. Maintenant, on m'a viré de la troupe. Et ça me crève le cœur.

Avant qu'il ne sente des larmes lui monter aux yeux, il lui retourne la question :

— Faire un sport individuel doit comporter beaucoup d'avantages. Tes parents doivent constamment applaudir tes prouesses sur patin. Je t'ai vue patiner : je me demande comment tu fais pour tourner ainsi dans les airs.

— Et tomber toujours sur les fesses, enchaîne-t-elle.

Elle s'allonge sur le dos, près de Tristan, et regarde le plafond sans le voir.

— Je n'aime pas les compétitions, lui confie-t-elle. J'ai les nerfs en boule et je suis toujours très angoissée. Je déçois si souvent ma mère ! Si, au moins, je réussissais à avoir une médaille. Mais non ! Je suis toujours l'éternelle quatrième. Quand nous revenons des compétitions, elle boude souvent ou bien elle me regarde avec des yeux de chien battu.

Raphaëlle imite le regard de sa mère et Tristan s'esclaffe. Des pas dans l'escalier les font se relever rapidement. Tristan retrouve ses feuilles mobiles et, nerveux, il se met à lire à voix haute. Raphaëlle a tout juste le temps de s'asseoir sur la chaise quand Sylvie entre.

— Que faites-vous ?

— Je prépare mon exposé, répond Tristan d'une voix neutre.

Raphaëlle est convaincue qu'elle a les pommettes roses.

— Justine est couchée ? demande Sylvie en s'adressant à l'adolescente.

— Oui, elle était fatiguée. Je peux partir, si vous le désirez.

— Est-ce qu'elle peut rester ? Nous allons préparer notre présentation.

Sylvie les regarde tour à tour, puis accepte.

— À condition que vous étudiiez vraiment, les sermonne-t-elle avant de quitter la chambre.

Tristan épie les pas de sa mère. Elle est dans la chambre voisine, celle de sa sœur. Tristan lit son texte à Raphaëlle. Ils attendent qu'elle redescende au rez-de-chaussée pour poursuivre leurs confidences.

— Ton père semble s'être calmé, remarque Raphaëlle. Chez moi, c'est ma mère qui gueule.

Elle devient songeuse, puis rectifie :

— Ce n'est pas vrai. Elle ne gueule pas. Elle demeure silencieuse, mais ses gestes sont secs. Je pense que la réprobation est pire.

En entendant les mots que lance monsieur Roberge, elle change d'idée :

— Tout compte fait, je crois que les mots peuvent être plus violents.

— Ils restent longtemps dans notre mémoire, enchaîne Tristan.

— Maman me rend coupable quand je ne réussis pas à monter sur le podium ou quand j'ai de la difficulté avec un nouveau saut. Dans son silence, je perçois la déception. Et puis, elle soupire tout le temps.

Raphaëlle se lève et mime les faits et gestes de sa mère. Tristan s'esclaffe.

— Tu pourrais devenir une excellente comédienne, remarque-t-il.

Son visage se rembrunit en pensant qu'il ne fera plus partie de la troupe de théâtre.

— Avec mon poignet cassé, poursuit-elle, je vais rater les championnats provinciaux. Ce sont les sélections préliminaires avant la compétition nationale à Halifax. Ma mère ne cesse de répéter : « Ah ! Si tu y étais allée, tu aurais certainement mérité une médaille. » Je bous de rage quand elle ajoute : « On dirait que t'es pas faite pour les médailles. » Bien sûr, elle veut me taquiner, mais je sens tant d'amertume de sa part que je ne peux faire autrement que de me sentir désolée de ne pas réussir. Je hais qu'elle me rappelle sans cesse que je ne suis jamais montée sur un podium. Petite, j'ai gagné quelques médailles, mais plus j'ai atteint des catégories élevées, plus j'avais des adversaires sérieuses. T'es chanceux de faire un sport d'équipe. Je crois que j'aurais préféré jouer au volley-ball plutôt que de faire un sport individuel. J'aurais eu moins de pression.

— Parce que tu crois qu'un gardien de but n'a pas de pression ? s'indigne Tristan.

Raphaëlle toise son ami en réfléchissant.

— C'est vrai que ce ne doit pas être facile, hein ? Quand vous gagnez, c'est l'équipe qui a bien joué et lorsque vous perdez, c'est de ta faute.

Tristan tombe de nouveau à la renverse sur son lit. C'est à son tour de regarder le plafond sans vraiment le voir. Pour la première fois de sa vie, quelqu'un comprend la pression qui lui pèse sur les épaules et ce, sans besoin d'explication. Il aurait envie de lui dire qu'il la trouve formidable, mais sa timidité le retient.

— Comment réagis-tu quand tu passes toute la partie sur le banc ?

— C'est long. J'ai le sentiment d'être en pénitence. Mais le plus terrible, c'est après. Quand mon père est en colère. C'est le cas si l'autre gardien de notre équipe donne une bonne performance. S'il perd, papa est content. Même si on accumule une défaite, il est heureux.

— Pourtant tu devrais être soulagé. Si l'autre gardien de but a mal joué, on te préféra à lui, non ?

— Ces temps-ci, je m'en fous un peu, fait-il en haussant les épaules.

Raphaëlle est surprise par son commentaire.

— Tu vois, Raphaëlle, j'en ai assez de cette pression. Je suis fatigué de ne pas être l'enfant parfait que mon père aurait souhaité avoir et de voir que ma vie ne se déroule pas comme il l'aurait souhaité. Le fils parfait dans une vie parfaite. Je ne le suis pas, et je ne le serai jamais.

Raphaëlle pose sur lui un air navré. Compatissante, elle prend sa main dans la sienne. Touchant le plâtre, Tristan pense tout haut :

— C'est moi qui aurais dû avoir un bras cassé. Ç'aurait réglé tous mes problèmes.

— Je ne crois pas que le fait de voir tes parents te regarder avec l'impression que tu viens de gâcher ta vie règle tes problèmes.

— Mouais, tu as sûrement raison. Bon, allez, on travaille notre exposé oral ?

C'est avec la certitude d'avoir un nouvel ami que Raphaëlle quitte, beaucoup plus tard, la maison de ses voisins.

La suspension

Au fil des semaines, l'amitié se solidifie entre Tristan et Raphaëlle sous l'œil attendri de Mélodie. Parfois, elle se joint à eux pour faire des devoirs. Mais jamais, au grand jamais, elle chaussera des espadrilles pour aller jogger en leur compagnie. Ça, elle l'a juré sur la tête de ses parents, de ses deux frères et de son poisson rouge.

Le dernier vendredi du mois de novembre, Raphaëlle sort de chez elle et ajuste son foulard. Le froid sibérien la surprend.

— Dépêche-toi si tu veux que j'aille te reconduire, entend-elle crier.

Monsieur Roberge est sur le balcon, les sourcils froncés. En se rendant à sa voiture, il aperçoit la jeune voisine.

— Oh ! Bonjour Raphaëlle ! fait-il en s'efforçant de paraître aimable.

Raphaëlle le salue tout en montant son collet.

— Papa, on peut amener Raphaëlle ? lance Tristan en s'approchant, à son tour, de la voiture.

Monsieur Roberge n'a d'autre choix que d'accepter. Raphaëlle hésite en voyant son air contrarié. Le vent qui l'agresse la pousse cependant à accepter. Elle se rend rapidement compte que le froid qui règne à l'extérieur n'est rien à comparer à celui qui existe entre le père et le fils.

— Merci, fait-elle, d'une voix timide, en s'installant sur la banquette arrière.

Quelques pâtés de maisons plus loin, Tristan, faisant fi de l'air renfrogné de son père, se tourne vers la passagère pour lui demander :

— Tu iras à la fête, ce soir, à l'école ?

— Je ne sais pas.

Sans perdre un instant, monsieur Roberge rouspète :

— Si tu es capable de te rendre à cette fête, tu es aussi capable de venir m'aider à la pharmacie ce soir. Nous devons faire l'inventaire. Ta mère m'a dit que tu avais un examen de chimie à préparer. Si j'apprends que tu es allé à cette fête, ça ira mal pour toi.

Tristan se renfrogne aussitôt. Perdre la face devant Raphaëlle lui est insupportable.

— Je n'en reviens pas, marmonne M. Roberge.

Raphaëlle se demande à qui il parle. Elle regarde tour à tour les deux occupants du siège avant de la voiture. Tristan a baissé les yeux.

— Comment peux-tu penser à aller à une fête quand on vient de m'apprendre que tu as été suspendu pour un mois à cause d'un trafic de *Winstrol-V*. J'ai su que tu avais acheté de la *Creatine* pour tes copains, mais du *Winstrol-V* ? Où te l'es-tu procuré ? Tu ne réalises pas que ta réputation est en jeu, que ta carrière pourrait être ruinée ?

— C'est pas moi qui avais mis ces trucs dans mon sac de hockey.

— T'es niaiseux, c'est incroyable ! Il est certain qu'on ne te repêchera pas dans le junior. Ta vie est foutue, mon homme.

Tristan aurait envie de répéter qu'il est innocent. D'ailleurs, il est certain que Véronneau est dans le coup. Il avait ce drôle de sourire quand les entraîneurs sont entrés dans le vestiaire et se sont dirigés vers Tristan pour ouvrir son sac d'équipement de hockey. Ils n'ont pas eu à fouiller longtemps pour trouver les stéroïdes.

— On m'a dit que tu achetais souvent de la *Creatine*. Je ne t'ai jamais vu en prendre. C'est donc toi qui fournissais Beaudoin et d'autres dont on ignore les noms.

Tristan se sent tout à coup effondré. Aux yeux de son père, il est un bon à rien. Une loque.

Raphaëlle pose son regard sur le garçon qui semble soudainement fasciné par le paysage glacé.

— Maintenant que tu n'as plus d'entraînements de hockey, tu pourras consacrer tous tes temps libres à l'étude. Je ne tolérerai aucune note en dessous de quatre-vingt-dix.

Tristan fixe son père d'un air abasourdi. Raphaëlle est malheureuse d'être témoin de cette scène.

— Mais…

— Il n'y a pas de mais.

Le ton est catégorique. Il s'arrête à un feu rouge et en profite pour scruter le visage de son fils.

— Je vais faire de mon mieux, répond Tristan, le cœur au bord du précipice en songeant à son cours de chimie où il ne comprend rien à toutes ces formules bizarres.

Monsieur Roberge est insensible à la nervosité visible de son fils.

La lumière passe au vert. Le conducteur qui les précède crie son impatience en klaxonnant. Monsieur Roberge lance un juron en guise de réponse et avance une trentaine de mètres avant d'immobiliser sa voiture en face du collège. Raphaëlle sort en balbutiant un remerciement. Comme elle aurait aimé ne pas assister à cette scène ! Le père de Tristan semble surpris de sa présence. Dans sa colère, il l'avait oubliée. Tant pis ! Son fils a ce qu'il mérite. Il lui fait une dernière recommandation :

— Je ne veux jamais apprendre que tu flânes à la cafétéria à l'heure du dîner. Je veux que tu ailles à la bibliothèque.

— T'inquiète pas, papa, j'irai. Tu as ma parole, fait Tristan en ouvrant la portière.

Mais avant de la refermer, il ajoute :

— Tu dois me croire, papa. Je suis innocent.

— Innocent comme un âne, ça je le sais. Je viendrai te chercher après l'école. Tu dois passer un test antidopage.

Il fait une pause avant de l'interpeller. Le jeune homme retient la portière et se tourne vers son père, le regard rempli d'espoir : un mot de compassion, d'encouragement ou de réconfort…

— Tâche d'être à l'heure.

Tristan claque la porte et passe son chemin sans adresser la parole à Raphaëlle qui l'attend plus loin.

Elle le rejoint à son casier et, d'un air navré, lui confie :

— Je suis désolée d'avoir été témoin de votre discussion. Je n'étais pas au courant. Dis, ça va ?

Tristan a beau faire comme si de rien n'était, il a l'impression que le monde s'écroule sous ses pieds.

— Non, ça ne va pas.

D'un coup de pied, il ferme la porte de son casier et laisse voir son visage anéanti.

— Ça s'est passé hier soir. Mes parents n'étaient pas à l'entraînement. L'entraîneur a dû téléphoner ce matin à mon père. Je suis innocent, Raphaëlle. Tu dois me croire.

Elle plonge ses yeux noisette dans ceux de son ami qui semblent aussi profonds qu'un océan.

— Je ne te connais que depuis un mois, pourtant, je sais que tu ne mens pas. Comment se fait-il que ton père, ton propre père, doute de ta sincérité ?

Tristan fait mine de mettre de l'ordre dans les cahiers qu'il tient dans ses bras.

— Je ne suis pas le fils qu'il souhaite.

Raphaëlle explose.

— Tristan ! Tu es un gars génial ! C'est lui qui est con de ne pas s'en rendre compte. Ce truc dans ton sac de hockey… Prouve-lui que ce n'est pas toi !

— Comment, Raphaëlle ? Comment ? Je ne pense qu'à ça depuis hier ! Je n'en ai pas dormi de la nuit.

— Au moins, tu es certain de ne pas échouer à ton test antidopage puisque tu ne prends aucune substance.

Ils font quelques pas ensemble. Il prend sa main et la serre entre la sienne.

— Merci de croire en moi, Raphaëlle. Tu ne sais pas à quel point j'apprécie.

Elle sourit sans le regarder.

— Si on t'a viré de l'équipe de hockey, tu crois qu'on peut te reprendre dans la troupe de théâtre ?

Le visage de Tristan s'éclaire un instant, puis se rembrunit.

— Je n'oserai pas défier mon père. Pas une fois de plus. Il ne survivrait pas à un tel affront.

Raphaëlle sait qu'il a raison. Elle n'insiste pas. Elle préfère le rassurer :

— Hé, je suis là ! Je ne te laisserai pas tomber.

Il emprisonne plus fortement la main de son amie et répond :

— Je sais.

— Ne serre pas ma main si fort ! Je n'ai pas envie qu'on me repose un plâtre !

Tristan s'excuse aussitôt, mais en profite pour la taquiner :

— De toute façon, il n'était même pas cassé, ton bras. Ce n'était qu'une fêlure.

C'était seulement pour te faire plaindre que tu as exigé un plâtre.

— Menteur !

Il adore la faire sortir de ses gonds. Ayant appris à le connaître, Raphaëlle sait qu'il blague. D'ailleurs, il se félicite de la voir radieuse durant un instant. Cependant, leurs sourires s'envolent rapidement.

— Tu iras à la pharmacie ce soir ?

— Je n'ai pas le choix. Tu es déçue ?

— De toute façon, maman m'avait aussi interdit de me rendre à ce party. J'imagine qu'elle avait peur que je revienne droguée. Au pire, j'aurais pris un *Pepsi diète.* Ça l'aurait tellement scandalisée que je boive une boisson gazeuse pleine de calories vides.

— T'exagères !

Raphaëlle éclate de rire, délaisse la main de Tristan et lui entoure la taille. Il fait de même en posant sa main sur son épaule. Mélodie, qui les surprend ainsi, s'écrie :

— On me laisse poireauter seule à l'arrêt d'autobus. Je viens de comprendre pourquoi ! Vous filez le parfait amour !

Les deux jeunes mettent instinctivement une distance raisonnable entre eux. Ils pouffent puis font quelques pas ensemble avant que Mélodie prenne une direction différente. Raphaëlle et Tristan entrent dans le local de mathématiques. Une fois assise,

Raphaëlle sait qu'elle devra écouter pour deux : son ami semble être entré dans une bulle où les reproches de son père l'attaquent de tous bords tous côtés. Elle lui expliquera le cours durant la fin de semaine. Si sa mère le lui permet.

Les décisions de madame Langevin

DEPUIS L'AUTOMNE, TROIS FOIS PAR SEMAINE, UN AUTRE PARENT RAMÈNE RAPHAËLLE CHEZ ELLE. SA MÈRE N'EST pas là pour aller la chercher à l'aréna. Elle revient du travail vers dix-sept heures trente et tolère que sa fille soit seule jusqu'à son retour. Les deux autres jours, elle assiste de façon assidue à ses séances d'entraînement. Son père a l'habitude de faire des heures supplémentaires et ne rentre parfois que tard le soir. Raphaëlle sait qu'il le fait pour elle, car ses patins, ses robes, la location de la glace et, surtout, son entraîneur, coûtent une petite fortune. Parfois, quand elle voit son père exténué, elle aimerait revenir en arrière, quand elle avait cinq ans. Si elle avait eu conscience de tous les inconvénients de la pratique de ce sport, elle n'aurait jamais accepté de s'y consacrer. À cet âge, elle allait à l'aréna avec sa cousine Jacinthe tous les samedis matins. Avant la fin de la saison, un entraîneur était venu rencontrer sa mère et lui avait confié :

— J'ai vu votre fille patiner. Elle a beaucoup de talent. Si vous désirez me la confier, je crois que je pourrais en faire une championne.

Sa mère, éblouie par les propos de cet entraîneur, avait vu se dessiner un rêve de gloire. Raphaëlle n'avait aucune idée dans quoi elle s'embarquait ni du poids financier de cette décision sur leur famille. Déjà, cet été-là, au lieu de se baigner et de faire du vélo, elle avait passé de longues heures dans les arénas. Elle ne s'en plaignait pas, bien au contraire. D'ailleurs, pourquoi se serait-elle lamentée ? N'y avait-elle pas un tas d'amies ? Du plus loin qu'elle se souvienne aujourd'hui, elle connaît peu les joies de l'été. Par contre, le froid d'une patinoire, les mitaines ou les gants, les cols roulés et les chandails de laine, ça c'est son lot quotidien douze mois par année.

Le répondeur affiche des messages. Raphaëlle les écoute. Sylvie, la mère de Tristan, lui demande d'aller garder Justine pour la soirée. L'adolescente la rappelle et accepte. Elle laisse, sur la table de la cuisine, une note à l'intention de sa mère. Elle espère que Tristan reviendra tôt de la pharmacie, ainsi ils pourront discuter autrement que via Internet. À l'école, ils ont peu de temps pour être ensemble. Le trajet matinal en autobus est devenu trop court à leur goût.

À vingt et une heures trente, Sylvie revient de magasiner sans que Tristan n'ait pointé le bout de son nez. Raphaëlle aide Sylvie à décharger la voiture et lui offre même de ranger les provisions. Comme elles finissent, Tristan arrive enfin. Sylvie se renseigne :

— Alors, l'inventaire, ça avance ?

Raphaëlle sait qu'il est agacé. Il a dû se plier aux exigences de son père et semble amer.

Elle rentre chez elle quelques minutes plus tard sans que Tristan ne lui ait adressé la parole.

La maison est silencieuse. Après avoir enlevé ses bottes, Raphaëlle vérifie à l'extérieur si les voitures de ses parents sont garées dans l'entrée. Celle de son père n'y est pas.

« C'est bizarre que papa ne soit pas revenu. Habituellement, il est là dès vingt heures. À moins qu'ils ne soient sortis ensemble. Ils m'auraient sûrement prévenue. Quoique… »

Elle se souvient de l'épisode où elle était allée garder Justine la première fois. Sa mère avait reproché à son père d'être sorti sans vérifier si Raphaëlle avait sa clé. Une engueulade avait suivi.

La jeune fille trouve sa mère assise au salon.

— Papa n'est pas là ?

— Non.

Le ton est froid. Raphaëlle n'insiste pas. Il est clair que ses parents se sont encore disputés. Comme elle quitte la pièce, sa mère la rappelle.

— J'ai discuté avec ton entraîneur aujourd'hui. Il m'a appris que tu n'avais pas réussi le triple *lutz* de toute la semaine.

Raphaëlle ne sait pas quoi répondre.

— Depuis qu'on a retiré ton plâtre, tu sembles avoir quelques hésitations avant d'effectuer tes sauts.

La jeune fille s'assoit en soupirant. Elle a une envie irrésistible de se confier.

— Ce n'est pas facile. C'est la première fois que j'ai peur de faire des sauts. On dirait que j'ai la frousse de me faire mal à nouveau.

Sa mère explose si haut et si fort que Raphaëlle se fige aussitôt.

— Ne me dis pas que je t'ai payé des leçons de patinage artistique pendant dix ans et, qu'aujourd'hui, parce que tu as eu le bras cassé, tu as peur de sauter ? C'est de l'enfantillage, du caprice !

Elle fulmine Elle observe sa fille avec colère.

— Demain, tu iras à l'entraînement prévu à six heures du matin. Ton entraîneur te donnera deux heures de leçon. À la fin de la séance, je veux qu'il m'apprenne que tu as retrouvé ton assurance.

D'habitude, Raphaëlle baisse les yeux et acquiesce aux demandes de sa mère. Cette fois-ci, elle n'a aucune envie de lui plaire.

— Pourquoi irai-je patiner demain ? Je ne fais aucune compétition d'ici la fin du mois de janvier. Il me reste presque deux mois pour m'entraîner et maîtriser à nouveau mes sauts.

Elle se lève, décidée à tenir tête à sa mère. Pourtant, celle-ci lui apprend :

— Dimanche matin, tu participeras à une compétition.

Raphaëlle reste bouche bée. Sa mère lui explique :

— Nous n'avons pas retiré ton nom de la compétition comme je te l'avais laissé croire. Ton entraîneur est un peu contrarié, mais je suis persuadée que tu y arriveras.

— Pourquoi tu ne me l'as pas dit ?

— Je ne voulais pas te mettre de la pression sur les épaules.

— Parce que tu crois que, ce soir, tu ne m'en mets pas ?

Madame Langevin tente de raisonner sa fille :

— Avec ton triple *lutz*, tu gagneras, c'est certain. Mais pour cela, tu dois aller t'entraîner demain.

Raphaëlle est vaincue. Peu importe ce qu'elle répondra, sa mère n'acceptera aucun compromis.

— Et puis, demain après-midi, je t'amène au salon de coiffure.

— Pourquoi ? demande Raphaëlle.

— Pour teindre tes mèches de la même couleur que tes cheveux.

— Il n'en est pas question ! Ce sont mes cheveux et tu ne m'obligeras pas à effacer mes mèches. Quand j'avais mon plâtre, tu avais accepté que Mélodie me mette un peu de couleur dans les cheveux. Tu as même dit que tu me trouvais jolie. Était-ce juste pour mettre du baume sur ma plaie ? Maintenant que je n'ai plus de plâtre, tu veux effacer mes petits bonheurs ? Tu veux reprendre le contrôle de ma vie ?

Raphaëlle tourne le dos à sa mère et sort précipitamment de la pièce.

— Reviens ici tout de suite, Raphaëlle ! Tant que tu seras mineure, j'exige que…

Raphaëlle a claqué la porte de sa chambre si fort que madame Langevin a interrompu sa phrase. Elle est surprise de la réaction de sa fille. Jamais Raphaëlle n'a réagi aussi violemment à ses décisions. Elle songe aussitôt à son mari. Ce soir, il est parti sans la saluer, lui disant seulement qu'il avait besoin de prendre l'air.

« Deux têtes de cochon », se dit-elle.

Pourquoi ne se rendent-ils pas compte de tout ce qu'elle fait pour eux ? Elle se sacrifie sans cesse et voilà comment ils la remercient tous les deux.

« Raphaëlle doit être fatiguée, pense-t-elle. Elle aurait dû me téléphoner pour me demander l'autorisation d'aller garder chez les voisins. Pourtant, elle avait écrit sur sa note qu'elle revenait tôt, que Sylvie était allée au centre commercial... »

Elle regarde l'heure : presque vingt-deux heures. Selon ses critères, sa fille aurait dû être au lit depuis une heure au moins.

« Se coucher si tard... Ce n'est pas bon pour elle. Demain, j'exigerai qu'elle soit au lit à vingt heures trente. »

Raphaëlle attend que sa mère se couche pour se faufiler au sous-sol où se trouve l'ordinateur. Elle désire ardemment converser avec Tristan. Plus d'une fois, ils ont réussi à se « parler » sur Internet. Ce soir, elle espère qu'il sera face à son ordinateur. Elle a tant besoin de sa présence, de ses mots qui la rassurent toujours. Comme cette fois, il y a une semaine, où elle lui avait raconté ce qui s'était passé à l'heure du souper. En fait, elle était entrée dans la cuisine vers dix-huit heures et, comme à l'habitude, elle avait demandé ce qu'il y avait pour souper.

— Tu mangeras des rôties, je n'ai rien préparé ce soir, lui avait répondu froidement sa mère.

La nouvelle avait surpris Raphaëlle et l'avait accablée.

— Je vais le faire, moi, le souper, avait rétorqué son père.

Il s'était levé et avait marché en martelant le sol. Raphaëlle n'avait jamais vu son père aussi furieux. Il avait ouvert la porte du réfrigérateur puis celle du congélateur. Il avait fouillé dans les armoires. Vaincu, il avait regardé sa fille :

— As-tu envie d'une pizza ?

— Bonne idée !

La mère, horrifiée, était entrée dans la cuisine. Raphaëlle s'en souvient comme si c'était hier.

— Une pizza ? Non, mais... son régime ?

— Son régime ? Elle n'a que la peau sur les os. Une pizza, ça ne la tuera pas !

Et voilà qu'ils s'étaient chamaillés à nouveau. Raphaëlle s'était réfugiée dans sa chambre. Elle regrettait d'avoir accepté l'offre alléchante de son père.

Quelques minutes plus tard, elle avait entendu la porte d'entrée claquer et une voiture démarrer en trombe. Par la fenêtre, Raphaëlle avait vu l'auto de son père s'éloigner. Sa mère sanglotait au salon. Raphaëlle était descendue lentement et s'était rendue près d'elle.

— Excuse-moi, maman.

— Pourquoi t'excuses-tu ? Ce n'est pas de ta faute. C'est ton père qui ne comprend pas ce que c'est que d'être une patineuse. Il se fiche des calories et de ton régime. Il ne comprend jamais rien. Il t'a proposé une pizza juste pour me mettre en colère. C'est ce qu'il s'amuse à faire depuis deux jours. S'il revient avec de la pizza, je t'interdis d'en manger.

— Mais, maman !

Sa mère lui avait fait de gros yeux. Raphaëlle avait envie de répliquer, mais elle s'était retenue. Elle avait soupiré et s'était enfuie au sous-sol où elle avait allumé l'ordinateur.

— Qu'est-ce que tu fais ? lui avait demandé sa mère du haut de l'escalier.

— Je fais mon devoir de français. On doit utiliser le traitement de texte. Je dois l'avoir fini pour lundi.

— Tu veux que je le tape à ta place ?

— Non, merci. J'ai pris de la vitesse depuis l'année dernière.

— Je peux corriger ton texte ? avait-elle insisté en descendant l'escalier.

— Non merci. Le logiciel que j'utilise souligne les fautes quand il y en a.

— Mais tes structures de phrases et…

— Ça ira, maman. Je te remercie de m'offrir ton aide, mais ça ira.

Irritée, madame Langevin avait battu en retraite. Si l'adolescente lui avait avoué que la mère de l'une des coéquipières du travail avait déjà révisé le texte, elle en aurait été indignée. Sa mère ne peut s'empêcher de mettre le nez dans les travaux de sa fille unique.

Raphaëlle avait écouté les pas qui résonnaient à l'étage. Elle avait attendu que sa mère soit bien installée au salon avant de cliquer sur son courrier électronique. Tristan lui avait fait parvenir un court message :

Salut Raphaëlle ! Je suis devant mon ordinateur pour la soirée, en train de faire une recher-

che en histoire. Alors, si tu as envie de jaser, je serai là.

À +

Tristan

Ce courriel lui avait été envoyé quelques minutes plus tôt. Elle était sur le point de lui écrire quand elle avait entendu sa mère se déplacer dans la maison. Les pas semblaient se rapprocher. Raphaëlle avait rapidement fermé la fenêtre de l'écran. Elle s'attendait à tout moment à voir surgir sa mère dans le bureau, mais une soudaine envie de faire la lessive semblait s'être emparée d'elle. Madame Langevin était maintenant dans la pièce voisine. Raphaëlle avait préféré ne pas prendre de risque et avait choisi de retourner plus tard à son courrier électronique.

Quand son père était revenu, il avait claqué à nouveau la porte. De la cuisine, il avait crié :

— Raphaëlle ! Viens souper !

Pauvre Raphaëlle ! Elle ne savait pas si elle devait écouter son estomac ou sa conscience. Elle avait envie d'éclater en sanglots tant elle était déchirée entre l'envie de monter manger avec son père et le devoir d'écouter sa mère. Elle hésitait à répondre à son père que la pizza ne convenait pas à son régime d'athlète. Quelle décision difficile à prendre !

Elle avait gravi l'escalier, souri à son père qui lui servait une pointe. Elle l'avait remercié et s'était assise à la table. Elle avait picoré, émietté son repas en le coupant en menus morceaux, si bien que le contenu de son assiette s'était transformé en véritable champs de bataille. Elle cachait quelques bouts sous les rebords de son assiette, en avalait quelques autres, prenant bien soin de les mastiquer longtemps. Quand elle était redescendue à l'ordinateur, elle avait mangé au plus trois bouchées. Son père, lui, était persuadé qu'elle avait mangé toute une pointe, plus la moitié de la seconde. Sa mère s'était tenue à l'écart de la cuisine durant tout le repas. Raphaëlle se sentait anéantie.

Quand elle avait raconté ces détails à son voisin, via le courriel, Tristan avait su la rassurer en trouvant les bons mots. Il l'avait convaincue que les querelles de ses parents n'étaient pas les siennes.

Le lendemain matin, à l'arrêt d'autobus, il lui avait demandé si elle avait bien dormi. Appréciant sa sollicitude, elle l'avait remercié du regard.

Les souvenirs s'envolent. Raphaëlle, allongée sur son lit, écoute les bruits de la nuit : la maison est silencieuse. Elle espère que sa mère dort pour pouvoir se rendre au sous-sol, sans se faire prendre. Elle descend les marches avec précaution. Elle sait très bien laquelle craque et l'évite avec soin. La jeune fille est nerveuse.

Elle allume l'écran puis ouvre la fenêtre de son courrier électronique. Elle envoie un message à Tristan. Elle lui fait part de sa prochaine compétition et de la peur qu'elle éprouve au plus profond de son être.

Je n'en peux plus. Je veux une vie normale. Je veux être libre de faire ce que je veux. Je ne veux plus passer ma vie à prouver à mes parents que je suis belle, studieuse et talentueuse sur patins. Ça me tue !

À son grand soulagement, Tristan lui a aussitôt répondu. Comme chaque soir, il attend impatiemment qu'elle lui écrive. De son côté, Raphaëlle est réconfortée de le savoir là.

Ne passons-nous pas notre vie à tenter de leur prouver que nous sommes capables de réussir, d'être beaux et fins ? C'est trop de pression. Il faut que ça cesse. Tu sais quoi, lors de ta compétition, amuse-toi, c'est tout ce qui compte.

Les doigts de Raphaëlle se sont mis à valser sur le clavier :

Merci Tristan. Merci. Tu me fais du bien. Comme d'habitude. Mais toi, comment a été ta soirée ?

Raph.

Je t'en reparle demain, ou un autre jour. Je viens de recevoir l'ordre de libérer l'ordinateur.

Tristan xoxo

Raphaëlle est déçue. Elle juge plus prudent de retourner dans sa chambre. Comme elle passe dans la cuisine, elle entend son père qui entre dans la maison. Raphaëlle aurait le temps de se faufiler jusqu'à sa chambre sans qu'il l'aperçoive mais, dans sa hâte, elle pourrait faire grincer la fameuse marche de l'escalier et, ainsi, se faire prendre par sa mère, si elle ne dort pas. La jeune fille se sent coincée telle une souris traquée. Elle pourrait se préparer une tartine de beurre d'arachide afin de justifier sa présence dans la cuisine, cependant l'arrivée impromptue de sa mère pourrait déclencher une vive discussion, ce qu'elle ne désire pas. Elle choisit de se verser un verre de jus.

— Eh ! tu n'es pas couchée, pitchounette !

Son père l'a toujours affectueusement appelée ainsi.

— Non, j'avais soif. Et toi, tu travaillais tard ?

Il grommelle une réponse où Raphaëlle comprend qu'il est simplement sorti avec François, son meilleur ami.

Plus tard, dans son lit, elle entend la télévision dans le salon où son père s'est installé. Sa mère est restée dans sa chambre. Il n'est pas non plus allé la voir. Raphaëlle est attristée de voir ses parents en froid. Elle se sent coupable puisqu'ils se sont encore disputés à cause d'elle. Si elle n'était pas de ce monde, peut-être seraient-ils encore amoureux l'un de l'autre ?

La déception

Une voiture circule difficilement sur les routes enneigées. La neige tombe en rafale. Le chemin est mal éclairé et la signalisation laisse à désirer. De plus, la lumière des phares se reflète sur les flocons de neige ce qui rend la visibilité presque nulle. Le chauffeur est impatient. Dans la voiture, personne ne parle de peur d'augmenter son agressivité.

— Attention ! s'écrie madame Langevin, n'en pouvant plus de se taire.

— J'ai vu la voiture, calme-toi ! répond son mari avec aigreur. Et ne crie pas comme ça ! Tu me fais faire de faux mouvements.

Raphaëlle préfère ne pas regarder en avant : elle a trop peur. Son père roule rapidement dans la voie de gauche de l'autoroute. Il dépasse toutes les voitures. La tempête rend cette voie presque impraticable. Pourtant, avec les quatre roues motrices de sa voiture, il passe comme si de rien n'était. En fermant les yeux, elle se dit qu'ainsi elle ne verra pas d'avance qu'ils auront un accident. Elle le saura seulement quand sa mère criera et que son père lui ordonnera de la fermer. Peut-être qu'il n'en aura pas le temps non plus.

— La sortie est dans deux kilomètres, mentionne la mère.

— Je sais lire, répond sèchement son mari.

— Comment peux-tu avoir lu le panneau de signalisation ? Il était à peine visible.

— Comme toi, je passe ici tous les jours. Je l'ai aperçu du coin de l'œil. Et puis, je ne suis pas obligé de me justifier. Arrête de toujours vouloir nous trouver un défaut.

Raphaëlle pose ses mains sur ses oreilles. Elle n'a pas envie d'écouter ses parents se disputer. Sa mère ne voulait que les protéger, que signaler la sortie qui venait. Son père change subitement de voie. La manœuvre est périlleuse. La voiture glisse, mais monsieur Langevin reprend la maîtrise de son véhicule.

— T'es ben fou ! beugle la mère de Raphaëlle.

— Je sais ce que je fais. Inquiète-toi pas. Je n'ai jamais perdu le contrôle de l'auto.

Raphaëlle déteste quand son père répond ainsi. Elle se dit qu'il est imprudent et que ce n'est pas le moment de démontrer qu'il est, à son avis, le meilleur conducteur sur chaussée glissante.

Monsieur Langevin emprunte la sortie puis s'engage à vive allure sur la voie d'accès. Il freine afin d'effectuer l'arrêt obligatoire situé un peu plus loin. La voiture valse à droite et à gauche avant de s'immobiliser de travers, cinq mètres plus loin que le panneau de signalisation.

— Ça suffit ! crie madame Langevin. Peux-tu, s'il te plaît, conduire prudemment.

— Je vais rouler comme bon me semble !

Il appuie furieusement sur l'accélérateur. La voiture fait longtemps du sur-place avant de décoller. À chaque arrêt, il recommence le même manège. Raphaëlle n'en peut plus. Elle n'a qu'une hâte : descendre de l'auto.

Monsieur Langevin gare enfin la voiture dans l'entrée, mais un mètre de neige empêche l'ouverture des portières.

— Raphaëlle !

Tristan est dans son entrée, une pelle à la main. Il est tout blanc, on dirait un bonhomme de neige. Elle se dirige vers lui en levant les genoux pour mieux avancer dans la neige. Monsieur Langevin a disparu dans le garage avant de revenir avec une pelle.

— Salut ! dit-elle à son ami. Que fais-tu dehors, si tard ?

Il est déjà vingt-trois heures.

— Je voulais avoir de tes nouvelles. Je n'en pouvais plus d'attendre. Alors, les compétitions ?

Raphaëlle n'a pas le temps de répondre qu'elle entend sa mère.

— Raphaëlle, entre ! Tu n'es pas habillée pour rester dans cette tempête.

Raphaëlle, dévastée, confie à son ami :

— Si j'avais remporté une médaille, elle ne me parlerait pas sur ce ton.

— Dis-moi au moins le classement, supplie Tristan en voyant que Raphaëlle retourne chez elle.

— Cinquième.

— Sur combien ?

Tout en avançant, visiblement nerveuse à cause de l'attitude de sa mère, elle lui lance :

— Sur quarante.

— Eh ! Tu en as battu un tas ! T'es épatante !

Raphaëlle s'arrête et se tourne vers lui. Elle aurait envie de s'élancer dans ses bras afin de le remercier pour son encouragement.

— Raphaëlle, crie à nouveau madame Langevin, entre tout de suite à la maison !

L'adolescente serre les lèvres. Elle prend une grande respiration et chuchote :

— Merci, Tristan !

Tristan sait qu'elle sous-entend « merci de m'avoir attendue et d'avoir eu le mot juste pour m'encourager ». Il la regarde entrer chez elle. Il observe monsieur Langevin qui s'active dans la neige. L'adolescent le rejoint et, sans lui proposer son aide, se met à pelleter. Il voit bien que son voisin n'est pas vêtu convenablement pour effectuer cette tâche. Il porte des protège-chaussures en caoutchouc et un manteau de cuir déboutonné. Il n'a même pas de chapeau ! Tristan, lui, a des allures d'esquimau.

Dans la maison, Raphaëlle enfile son pantalon de neige. Sa mère rouspète aussitôt :

— Tu ne vas pas aller pelleter ?

— Et pourquoi pas ?

Madame Langevin sursaute. Elle n'est pas habituée au ton cassant de sa fille.

— Cesse d'être aussi impertinente. Tu ne réalises pas qu'il est trop tard ? Va te coucher immédiatement !

Raphaëlle ne l'écoute pas. Elle continue de s'habiller.

— Je te parle !

Le ton de la voix est impératif. Raphaëlle hésite. Elle aimerait tellement tenir tête à sa mère. Elle a envie de se défouler en pelletant, de suer, mais surtout, d'être avec Tristan. Elle a bien trop peur de sa mère pour continuer à enfiler sa tenue. Elle lui lance un regard suppliant, espérant attendrir sa mère. Cette dernière reste de glace.

— Il est l'heure d'aller te coucher, répète la mère.

Raphaëlle n'a pas d'autre choix que d'obéir. Elle range ses effets et monte, avec un air de martyre. De la fenêtre de sa chambre, elle regarde Tristan et son père qui s'activent à nettoyer l'entrée. La tempête est loin d'être terminée. Demain, tout sera à recommencer. Maintenant que la porte de garage est dégagée, Raphaëlle voit son père embarquer dans la voiture, et la garer à l'intérieur. Puis il sort et descend la porte de garage. Elle le perd alors de vue. Elle l'entend entrer dans la maison. Elle remarque Tristan. Il ne bouge pas, contemplant la porte de garage derrière laquelle monsieur Langevin a disparu. Le père de Raphaëlle n'a même pas remercié Tristan d'être venu l'aider. Le jeune homme lève les yeux vers la fenêtre de sa voisine. Il hausse les épaules puis ouvre les bras en signe d'incompréhension. La pelle est tombée. Raphaëlle agite doucement la main pour le saluer. Tristan lui souffle un baiser, ce qui adoucit la douleur qui s'est coincée dans le cœur de la jeune fille.

Elle entend des pas qui se dirigent vers sa chambre. Elle s'empresse aussitôt de fermer la toile de la fenêtre. Madame Langevin entre d'un pas décidé.

— As-tu brossé tes dents ?

— Non. J'y allais.

La mère s'empare de quelques vêtements qui traînent. Elle enlève les coussins placés sur le lit et tire légèrement les draps. Ce manège agace Raphaëlle. Elle aimerait tant dire à sa mère qu'à son âge elle peut se mettre au lit toute seule.

Elle se réfugie dans la salle de bains. Elle nettoie son visage, enlève toute trace de maquillage. Elle défait la savante coiffure que sa mère lui a faite le matin même. Elle brosse avec vigueur son abondante chevelure. Le résultat est catastrophique. Sa mère a tellement appliqué de fixatif dans ses cheveux qu'ils sont tout hirsutes.

« Je les laverai demain matin avant d'aller à l'école », se dit-elle.

Elle songe alors qu'il faudra qu'elle se lève très tôt, car elle devra bien les sécher avant de partir. Sa mère ne la laissera jamais sortir si ses cheveux sont encore humides.

Raphaëlle aurait envie d'une collation avant de se coucher. Elle a mangé une barre tendre vers 16 heures 30. Sa mère n'a cessé de lui répéter que, pour faire une bonne performance, elle ne devait pas s'empiffrer. Au début de l'après-midi, Raphaëlle était première de son groupe en demi-finale. Elle n'a jamais réalisé un tel exploit. Après qu'on eut affiché les résultats, madame Langevin a assommé sa fille de recommandations. Cette dernière avait plutôt envie de discuter avec les autres patineuses, puisqu'il y avait fort longtemps qu'elle n'avait pas rencontré certaines d'entre elles. Elle en avait assez d'entendre sa mère répéter fièrement à qui voulait l'entendre qu'il n'y avait qu'une semaine que l'on avait retiré le plâtre de sa fille.

Raphaëlle devait participer à la finale qui avait lieu autour de 18 heures. À cause d'un contretemps, elle a patiné une heure plus tard. Elle aurait aimé que sa mère la laisse seule afin de pouvoir se concentrer. Au lieu de quoi, madame Langevin l'assaillait de mille et un conseils. Elle avait revu dix fois la coiffure de sa fille, son maquillage et vérifié si ses patins étaient bien lacés. Dans la salle, où règne la loi du chacun pour soi, les autres patineuses étaient absorbées par le manège incessant de madame Langevin qui s'activait autour de sa fille. Elles en ont même oublié leur stress. Sauf Raphaëlle.

Cette dernière était impatiente. Elle avait surtout faim. À la période d'échauffement, elle a réussi tous ses sauts, sauf un : le triple lutz, celui qui lui donnait tant de fil à retordre. Au lieu d'encourager sa fille, madame Langevin lui criait de tenir sa tête droite, de faire attention à son épaule gauche qui avait tendance à être trop en arrière. L'entraîneur a soupiré. Il déteste quand une mère prend sa place. Comment faire autrement quand on est si fière de sa progéniture ? La mère était plus nerveuse que sa fille, retenait son souffle à chaque fois que Raphaëlle s'élançait dans les airs et expirait de soulagement quand elle atterrissait sans bavure. Elle savait par cœur chaque figure de l'enchaînement, chaque note de musique qui l'accompagnait.

Lors de sa prestation, Raphaëlle a réussi le triple lutz. À ce moment, elle s'est sentie envahie par la nervosité : le podium était à portée de main. Sa concentration s'est alors envolée. Elle a chuté en effectuant un saut qu'elle réussissait à tout coup. La peur de l'échec s'est alors emparée d'elle. Raphaëlle a chuté une deuxième fois. Sa mère a versé une larme.

Quand Raphaëlle est sortie de la patinoire, elle a croisé le regard déçu de ses parents.

Ce soir, en se regardant dans le miroir de la salle de bains, elle a honte d'elle. Elle remarque à nouveau ses cheveux emmêlés. Elle se trouve laide. Son estomac crie.

Elle n'ose pas demander la permission de manger. Elle décide de se brosser les dents et regagne sa chambre en silence.

Le sommeil ne la gagne que tard dans la nuit, après avoir pleuré toute sa déception et sa rage.

Une journée de congé

Raphaëlle sursaute en voyant l'heure. Elle repousse les couvertures aussi rapidement que si celles-ci avaient été la proie des flammes. Elle n'enfile pas ses pantoufles et s'habille en un temps record. Elle dévale l'escalier en tentant d'attacher ses cheveux pêle-mêle. Sa mère est déjà coiffée et maquillée, prête à partir pour le travail.

— Mon réveille-matin n'a pas sonné, explique Raphaëlle.

Elle ouvre la porte du réfrigérateur pour prendre son lunch, mais ne le voit pas. Sa mère lui explique quelque chose qu'elle n'entend pas.

— Quoi ? fait-elle en sortant la tête du frigo.

— Je te dis que tu n'as pas d'école. Regarde dehors.

En effet, le blizzard fait rage.

— Je dois absolument me rendre au bureau, lui apprend sa mère. J'ai déjà appelé la mère de Jacinthe. S'il n'y a pas de changement, l'entraînement de 13 heures 30 du sport étude n'est pas annulé. Elle passera donc te prendre pour te conduire à la patinoire. N'oublie pas de laver tes cheveux.

Raphaëlle aurait envie de lui demander une journée complète de congé. Sa piètre performance de la veille le lui interdit. Elle pense même que ça aurait été pire si elle avait gagné, car elle aurait dû redoubler d'ardeur pour se présenter aux Championnats de l'Est.

Soudain, elle se rend compte que... À haute voix, elle demande :

— Je vais passer la journée seule ?

Aussitôt, elle regrette ses paroles. Sa mère semble hésiter à enfiler son manteau.

— Veux-tu que je téléphone à ta grand-mère pour qu'elle vienne te tenir compagnie ?

— Non ! Surtout pas !

Elle s'empresse d'ajouter :

— Elle ne va pas prendre sa voiture et circuler dans de telles conditions ! s'exclame-t-elle.

Madame Langevin regarde sa fille avec tendresse. Comme elle est mature de penser d'abord à la sécurité de sa grand-mère ! Dommage qu'elle n'ait pas gagné les compétitions ! Si les juges la voyaient aux entraînements, ils n'en reviendraient pas de la voir si talentueuse. Madame Langevin est une fois de plus envahie par la déception.

— Il y a de la lasagne au congélateur, tu la réchaufferas pour dîner. J'aimerais aussi que tu passes l'aspirateur. Je ne l'ai pas fait en fin de semaine. Range ta chambre. La compagnie de déneigement est venue durant la nuit. Elle reviendra sûrement durant la journée. Tu pelletteras les marches et le perron en avant.

Raphaëlle aurait eu plus envie de lire ou de ne rien faire.

— Tu n'as pas le droit de flâner devant la télé si tu n'as pas fait ce que tu as à faire.

Elle n'avait pas l'intention de regarder la télévision non plus. Elle accompagne sa mère à la porte. Celle-ci enfile son manteau quand la culpabilité de laisser sa fille seule s'empare d'elle.

— Ne t'inquiète pas pour moi, maman. Je suis déjà restée toute seule.

La mère ouvre la porte et Raphaëlle aperçoit Tristan qui est dehors, une pelle à la main. La jeune fille attrape son pantalon de neige.

— Je vais aller pelleter maintenant.

— Mais il neige encore ! Ce sera à refaire ce soir, l'avertit sa mère.

— Je sortirai à nouveau après la séance de patinage.

Raphaëlle attend que sa mère s'éloigne en voiture avant de se précipiter vers Tristan.

— Salut ! fait-elle subitement intimidée.

Tristan continue de pelleter sans saluer la nouvelle venue.

— Tu es fâché à cause d'hier soir ? demande-t-elle.

Il la regarde pour la première fois depuis qu'elle est près de lui.

— Hier soir ?

— Tu es venu aider mon père, il ne t'a pas remercié. Je n'ai pas pu sortir, ma mère me l'avait interdit.

Tristan s'active à nouveau. Raphaëlle se sent impuissante. Elle va perdre le seul ami qu'elle a à cause de l'attitude de ses parents. Elle a soudainement envie de pleurer l'injustice qu'elle vit.

Tristan cesse de pelleter. Il s'approche de sa voisine.

— J'en veux à ton père parce que je me suis senti minable. J'en veux à ta mère parce que nous aurions pu nous amuser pendant une demi-heure, ce n'aurait pas été la fin du monde. J'en veux à mon père parce qu'il m'a tiré du lit ce matin et m'a obligé à aller dégager l'entrée. Nous n'avons pas de contrat avec des déneigeuses, nous !

Raphaëlle ne l'avait jamais vu en colère. Elle est médusée.

— Le pire, c'est que je ne peux même pas profiter de cette journée de congé imprévue parce que mon père m'oblige à aller travailler à sa pharmacie.

Il plonge son regard désespéré dans celui de son amie.

— Je déteste y aller. Il y a deux ou trois employés, les meilleurs selon papa, qui ne cessent de me harceler. Ils me lancent des injures, ils me traitent de tous les noms…

Il plisse les yeux en se remémorant certaines scènes.

— J'entends des « Petit-bébé-à-papa »; ou des « On le sait bien, les fils-à-papa nous volent toujours nos jobs » et des « Ce n'est pas toi qui iras nettoyer les toilettes, puisque tu es le fils du boss ».

Raphaëlle est si surprise qu'elle en reste muette.

— Je n'aime pas placer sur les étalages des médicaments contre la diarrhée ou les lavements intestinaux. Ça m'écœure !

Raphaëlle pouffe.

— Il y a souvent des gens malades qui toussent en me demandant une information. Je les hais. J'ai peur de revenir à la maison avec toutes leurs maladies.

Il porte son regard vers la fenêtre du salon où Sylvie, la mère de Tristan, se tient.

Elle agite la main en direction de Raphaëlle. Cette dernière la salue aimablement.

— Si je reste ici, poursuit Tristan, je ne pourrai lire une bédé ou écouter de la musique. Je devrai aider maman à nettoyer le plancher ou… je ne sais pas ce qu'elle inventera dans le but de me tenir occupé. MAIS JE N'AI PAS LE GOÛT D'ÊTRE OCCUPÉ, s'écrie-t-il, exaspéré. J'ai envie de ne rien faire. J'ai envie de louer un film et de le regarder. Mes parents ne comprennent pas que je veux me reposer. Il faut toujours qu'ils me tiennent occupé. Mais de quoi ont-ils peur ? Que je grossisse à vue d'œil ? Que je perde tout mon talent au hockey ? Que je devienne idiot ? Shit !

Tristan lance le plus loin possible la neige qu'il avait entassée dans sa pelle. Raphaëlle voudrait bien le réconforter, mais l'arrivée de monsieur Roberge l'en empêche.

— Tu n'as pas encore fini de pelleter l'entrée ? demande-t-il d'une voix où perce l'impatience.

Tristan se remet aussitôt à l'ouvrage. Raphaëlle l'aide de bon cœur.

— Il aurait pu m'encourager au lieu de m'engueuler, marmonne le jeune homme à sa voisine.

— Écris-moi ce soir, lui demande-t-elle.

La perspective de communiquer à nouveau avec son amie encourage Tristan à terminer sa tâche. Il est persuadé qu'il passera une meilleure journée en sachant qu'elle l'attendra, postée à son ordinateur.

Durant la journée, Raphaëlle est souvent tentée par la paresse. Par solidarité pour Tristan qui travaille à la pharmacie, elle se tient occupée et s'empêche de succomber à son désir de lire un roman. Elle accomplit donc tout ce que sa mère lui demande. Sauf qu'elle se décourage en passant l'aspirateur ! Elle trouve la maison bien trop grande. Elle fait volontiers les coins ronds. En espérant que sa mère ne le remarquera pas.

À la patinoire, elle s'attire aussitôt quelques remarques désobligeantes de la part de certaines patineuses jalouses de son talent.

— J'ai entendu dire que tu avais craqué sous la pression ! dit l'une d'elles.

Raphaëlle a envie de l'étriper. Surtout que cette patineuse a toutes les peines du monde à exécuter un simple axel.

— Comme c'est dommage ! s'exclame sa comparse. Ta petite maman chérie a dû être affreusement déçue !

Sans le savoir, cette patineuse a touché la corde la plus sensible de Raphaëlle. Elle sort du vestiaire afin de camoufler des larmes de colère, mais aussi de honte. Elle se sent ridicule, à quinze ans, d'être toujours entourée de la sollicitude de sa mère. Encore une fois, elle pense à Tristan et s'arme aussitôt de courage. Elle décide de leur en mettre plein la vue, coûte que coûte !

— Tu aurais dû patiner comme ça, l'autre jour, lui reproche son entraîneur. Tu aurais pu tourner quinze tours dans les airs tellement tu es en forme.

Elle n'est pas en forme, elle rage ! Elle n'en peut plus d'être constamment critiquée.

Elle revient à la maison bien avant ses parents. Leur retard l'inquiète. Sa mère l'appelle plus tard sur son cellulaire.

— Je suis prise à Montréal. Les routes et les ponts sont congestionnés. C'est vraiment l'enfer !

— T'inquiète pas pour moi, maman, je…

— Je ne m'inquiète pas pour toi, je m'inquiète pour moi ! Je ne sais pas comment je vais sortir d'ici. Et ton père qui ne peut se libérer ! Aaaaaargh ! J'avance d'un pouce toutes les cinq minutes.

Raphaëlle se sent démunie. Elle entend sa mère grincer des dents.

— Je te rappelle, dit-elle.

Sa mère étant de mauvais poil, Raphaëlle juge bon d'aller enlever la dernière couche de neige qui recouvre l'escalier du perron et celle de l'entrée. Elle voudrait qu'elle retrouve le sourire en revenant. Avant de sortir, elle vérifie si elle n'a pas oublié de ramasser un truc quelconque. Tout est propre ou presque.

Elle s'active à dégager l'entrée quand Justine et ses deux amis sortent de la maison voisine. Ils prennent chacun une pelle. Raphaëlle délaisse son travail pour aller les aider. Ainsi, se dit-elle, Tristan en aura moins à faire, ils pourront mieux clavarder durant la soirée. Justement, il arrive en compagnie de son père. Un grand sourire illumine son visage en apercevant sa voisine.

— Pas besoin de lui demander, à elle, de déneiger l'entrée, dit monsieur Roberge. Elle le fait sans qu'on se mette à genoux. Toi, il a fallu te dire quoi faire toute la journée. Tu n'as aucun esprit d'initiative. Et hier soir, lorsque la neige tombait à gros flocons, il a fallu te crier d'aller pelleter pour que tu décolles de ton téléviseur.

Tristan aurait envie de répliquer que rien ne pressait puisqu'il neigeait à plein ciel. Qu'il valait mieux attendre que la tempête finisse pour commencer le travail... Il était évident que son père et lui ne pensaient pas de la même manière !

— Regarde Raphaëlle, poursuit le père, elle vient nous aider sans qu'on le lui demande !

Tristan serre les lèvres pour ne pas crier que, justement, hier, il est allé aider monsieur Langevin et que ce dernier ne l'a même pas remercié. S'il le dit à son père, ce dernier ne voudra pas le croire.

Monsieur Roberge coupe le contact de la voiture. Une balle de neige vient s'écraser sur le pare-brise et l'on entend les rires de Justine et de ses amis.

— Ah ! Ma coquine ! Attends que je t'attrape et que je te lance dans la neige, s'écrie son père en émergeant de la voiture.

Il s'élance vers elle mais, plus rapide, la petite se sauve derrière un banc de neige. Ils jouent au chat et à la souris. Des rires fusent de partout. Raphaëlle les observe, enchantée. Quand elle lance un regard à son ami, elle le voit renfrogné et visiblement malheureux.

— Tu n'as pas envie de jouer dehors ? lui demande-t-elle.

Il hoche la tête.

— Je viens de me faire engueuler.

Raphaëlle voit monsieur Roberge qui rit avec sa fille. Elle a peine à croire que Tristan vient de se faire passer un savon.

Elle prend son courage à deux mains et s'écrie :

— À quelle heure soupez-vous ? Parce que Tristan pourrait jouer avec nous dehors. Nous pourrions faire une bataille de balles de neige !

— Oui ! crient en chœur Justine et ses copains, Carolane et David.

— Vous voulez jouer avec nous ? demande Raphaëlle à monsieur Roberge.

Les enfants le supplient d'accepter tandis que Tristan lui réplique à l'oreille : « Tu aurais pu demander mon avis avant d'inviter mon père. »

— Prends le temps de t'amuser, lui répond sa voisine, tu as travaillé toute la journée.

Tristan jette un œil à son père. Il a peur de ses réprimandes du genre : « Pour travailler, il aurait dû bouger un peu plus son cul. » Mais rien ne vient. Il semble même de bonne humeur.

— Je peux ? demande Tristan.

On dirait un enfant qui quémande une sucette.

— Va voir si ta mère a besoin d'aide.

Tristan courbe l'échine.

— Je viens avec toi, fait Raphaëlle en le suivant.

Elle glisse sa mitaine mouillée dans la main de son ami. Tristan retrouve aussitôt sa bonne humeur et, aussi, l'espoir de pouvoir aller jouer dehors.

Il entre et salue sa mère. Raphaëlle en fait autant, d'une voix plus qu'enjouée. Tristan demande aussitôt la permission d'aller jouer dehors si elle n'a pas besoin d'aide.

— Venez avec nous, renchérit Raphaëlle.

Devant tant d'enthousiasme, Sylvie accepte que Tristan sorte, mais refuse de les accompagner.

— Qu'est-ce qu'on mange ? demande Tristan d'une voix joyeuse.

— Je n'ai pas pu sortir à cause de la température. Bien sûr, j'aurais pu, mais je n'ai pas voulu prendre de risque inutile. J'ai fait une soupe à l'oignon et nous grignoterons quelques craquelins.

— Une soupe à l'oignon ! s'exclame Raphaëlle. Gratinée ?

Il y a des lunes et des lunes qu'elle n'en a pas mangé.

— Chanceux ! ajoute-t-elle à l'intention de son ami qui est en train de revêtir son pantalon de neige.

— Tu peux manger avec nous, fait Sylvie, avec un sourire chaleureux.

Tristan est heureux de cette perspective. De son côté, Raphaëlle évalue le pour et le contre. Comme elle aurait envie d'accepter ! Ce serait si facile de se faire plaisir. Pourtant, elle refuse poliment.

— Je vous remercie, mais ma mère s'en vient.

L'excuse parfaite pour éviter les calories. Pendant que Tristan achève d'enfiler son pantalon de neige, elle reste penaude. Elle a tant envie de partager le repas avec son ami. Un rien lui ferait changer d'idée.

— Je suis prêt pour la bataille du siècle, s'exclame Tristan en enfilant sa tuque.

Raphaëlle aime les duels et se sent d'attaque.

— Que le meilleur gagne, lance-t-elle en ouvrant la porte.

Alors qu'ils jouent depuis plusieurs minutes, monsieur Roberge surveille son aîné.

— Tant de talent gaspillé, fait-il en soupirant. Faudrait te trouver des heures de glace afin de ne pas perdre la forme, ajoute-t-il plus fort. Ce soir, il y a du hockey libre.

Autant Tristan était déçu d'être suspendu, autant en ce moment il n'a aucune envie de retourner sur une patinoire. Il veut d'abord tenter de prouver que c'est Véronneau qui a mis les stéroïdes dans son sac. Quand il retournera dans le vestiaire, il veut le faire la tête haute. Et puis, il déteste quand son père le défie avec des tirs qu'il doit bloquer. Malheur à lui s'il laisse rentrer une rondelle. Bien sûr, il doit un nombre incalculable de leçons données par son père, mais maintenant, il n'a plus envie de jouer à ce jeu. Pas avec son père. Il ne s'amuse plus du tout en sa compagnie.

— Est-ce qu'on a le temps de faire une autre guerre avant de souper ? demande Justine en voyant son père qui s'apprête à retourner dans la maison.

Monsieur Roberge demande l'avis à son épouse qui leur alloue une dizaine de minutes de plus. La guerre reprend de plus belle. Les filles contre Tristan et David. Raphaëlle ne cesse d'encourager ses coéquipières à tenir tête aux garçons.

Avec confiance et témérité, ils gagnent du terrain. Bientôt, elles seront vaincues, mais ne cèdent en aucun temps leur fort médiocrement construit, mais si fièrement conçu.

David rebrousse chemin. Justine et Carolane le bombardent si bien qu'il regagne son fort afin d'aller chercher des munitions.

Madame Langevin stationne chez elle et aperçoit sa fille en train de jouer. Les marches auraient dû être déblayées, ce détail l'agace.

— Bonjour maman ! s'écrie Raphaëlle, joyeuse.

— B'jour ! fait-elle d'un ton neutre. Et l'escalier du perron ?

Raphaëlle se renfrogne.

— Je l'ai fait ce matin. J'étais sortie pour les faire à nouveau, mais nous avons commencé cette guerre. Je vais pelleter plus tard.

— As-tu vidé le lave-vaisselle ?

— Non.

— Le pâté chinois est au four ?

— Quel pâté chinois ?

Sa mère rugit avant d'entrer dans la maison. Raphaëlle n'a plus envie de jouer. Elle cherche du regard Justine et Carolane. Elles ont réussi à envahir le fort des gars. Au même moment, Tristan s'élance sur elle et la fait basculer.

— C'est pas juste ! hurle David. Si c'est comme ça, moi je rentre !

Il est tout à fait contrarié d'avoir perdu la bataille. Les deux copines le suivent et le narguent sans cesse. La chicane éclate. Comme à l'habitude, elle sera de courte durée.

Tristan est tombé à la renverse près de Raphaëlle. Elle a perdu tout entrain et il en est désolé. Il a entendu la pluie de reproches que madame Langevin a déversés sur son amie. Afin de lui insuffler du courage, il l'entoure de ses bras. Elle appuie sa tête au creux de son épaule et ils contemplent le ciel. Le crépuscule a cédé place à la nuit.

— Il n'y a pas un seul nuage, remarque-t-elle.

— Ils sont tous dans ton cœur, dit-il.

Il se tourne vers elle, plonge son regard dans le sien.

— Et toutes les étoiles se trouvent dans tes yeux.

Elle est si attendrie par ce qu'il vient de lui confier qu'elle l'enlace fortement. Ils entendent le grincement d'une porte.

— Raphaëlle ?

La jeune fille ne bouge pas et empêche son ami de faire un geste qui les trahirait. Dans la pénombre, sa mère ne peut les voir.

— Raphaëlle ? crie à nouveau madame Langevin. Où est-elle encore passée ? s'impatiente-t-elle.

La porte claque.

— Je dois rentrer, soupire Raphaëlle en se relevant.

— Moi aussi.

Ils se sentent maintenant intimidés. Elle secoue la neige de son manteau. Il ajuste sa tuque qui laisse échapper ses cheveux rebelles.

— Tu vas y aller, ce soir ? demande-t-elle.

— Où ? Au hockey ?

Elle acquiesce d'un mouvement de la tête.

— Je n'ai pas le choix.

Raphaëlle serre les lèvres en voyant le regard triste de son ami. Il plonge son regard dans le sien jusqu'à l'intimider. Ce n'est pas le froid qui fait rougir ses joues. Quand elle relève les yeux, il semble amusé. Complice, elle sourit à son tour. Il s'approche d'elle et, sans hésitation, il lui tend les lèvres. Elle aimerait que ce baiser s'éternise, mais elle a bien plus peur d'être prise en flagrant délit amoureux par sa mère. À la grande surprise de Tristan, elle se sauve.

— Écris-moi quand tu reviendras ! lui crie-t-elle.

Son rire, qui suit, donne des ailes au garçon. Il sait dès lors qu'il ne sera pas aussi médiocre sur ses patins qu'il ne le craignait.

Être ensemble

LA COURSE CONTRE LA MONTRE EST TERMINÉE DEPUIS 16 HEURES AUJOURD'HUI. EN EFFET, LES ÉTUDIANTS DE LA POLYVALENTE ont remis tous leurs travaux et ont passé les examens de fin d'étape. Les vacances de Noël sont enfin arrivées. Raphaëlle est doublement en relâche car, en ce vendredi, elle n'a pas d'entraînement de patinage et ses parents sortent durant la soirée : c'est le party au bureau de sa mère.

— Tu viendras comme prévu ? demande-t-elle à Tristan en sortant de l'école.

— T'inquiète pas. J'attendrai que tes parents s'en aillent, puis j'irai chez toi.

Ils restent un moment sans parler. Elle lui demande :

— Et si tes parents te demandent où tu vas ?

— Je leur répondrai que je vais chez William. Il va me couvrir. Je marche jusqu'au coin de la rue et je reviens en longeant les bancs de neige pour ne pas me faire voir de chez moi.

— Excellent ! s'exclame Raphaëlle.

Ils montent ensemble dans l'autobus scolaire. Tristan s'assoit près d'elle. Mélodie les salue au passage et prend place derrière eux.

— Comme prévu, dit-elle, je te téléphone pour t'inviter chez moi ?

Raphaëlle n'a eu d'autre choix que de mettre son amie au courant de la situation. Tristan se sent un peu gêné, mais il apprécie toutefois sa discrétion. Surtout que Mélodie leur a avoué que si elle avait un prétendant aussi bien que Tristan, elle souhaiterait que Raphaëlle en fasse autant pour elle.

— Tu vas vraiment garder ce soir ? demande Raphaëlle.

— Mais oui ! En plus, je ne l'ai pas dit à maman. Elle croit dur comme fer que tu viens passer la nuit chez moi. Je lui annoncerai à la dernière minute que je dois me rendre chez les petits Thibodeau pour garder. Notre soirée tombera à l'eau. Si ta mère téléphone à la mienne demain, elles ne se douteront de rien.

— Moi, je lui dirai que tu m'as téléphoné après leur départ pour m'apprendre que je ne pouvais plus aller chez toi.

— Voilà ! Parfait !

Tristan trouve cette mise en scène tout à fait rocambolesque. Il a déjà eu quelques petites amies, mais jamais il n'a dû inventer une telle histoire pour passer une soirée avec l'une d'entre elles.

Il garde le silence durant tout le trajet. Depuis qu'il côtoie Raphaëlle, Mélodie n'est plus aussi désagréable avec lui. Il apprécie cette trêve. Il a même retrouvé l'amie d'enfance en elle. Sauf que... Il se souvient de l'autre matin, alors qu'il attendait l'autobus scolaire, il s'était retrouvé seul avec Mélodie qui le dévisageait.

— Quoi ? fit Tristan sur la défensive.

— C'est vrai que tu es craquant. Je ne m'en étais pas rendu compte.

Tristan avait été surpris par cette révélation. Elle avait cru bon de lui expliquer :

— Raphaëlle m'a raconté son béguin pour toi. Si je ne te connaissais pas depuis aussi longtemps...

— Comment ça ?

— Bien, disons que je me souviens de certaines choses.

— Comme ? avait rétorqué Tristan, sur la défensive.

— Quand tu es tombé de vélo et que tu t'es coupé au front. Je me souviens à quel point tu as pleuré et combien tu étais fragile à ce moment-là.

Tristan s'était renfrogné. À la suite de cet accident, sa mère l'avait obligé à toujours porter un casque de vélo. Ce dernier était horrible et donnait à Tristan des allures d'extraterrestre. Malgré ses protestations, sa mère le contraignait à se coiffer de cet affreux truc. Mélodie se moquait souvent de lui. Aujourd'hui, malgré sa taille, sa stature et ses allures d'armoire à glace, Tristan craint encore les sarcasmes de cette fille.

Raphaëlle est plongée dans ses pensées. Elle revoit tout le scénario, et quelque chose cloche. Sa mère lui demandera sûrement pourquoi elle n'a pas accompagné Mélodie. Elle lui répondra qu'elle savait que les gens chez qui se rendait son amie avaient prévu de rentrer aux petites heures de la nuit. Elle avait donc jugé préférable de dormir chez elle. Quel cauchemar ! Tous ces efforts pour passer une soirée avec Tristan ! « Ce n'est pas normal », se dit-elle. Et puis tant mieux si sa mère découvrait qu'elle est restée seule avec son voisin. Elle ne peut cacher jusqu'à vingt ans qu'elle fréquente un gars.

À la maison, ses parents s'activent. Sa mère met une touche finale à son maquillage tandis que son père se bat avec son nœud de cravate. Il est si peu habitué à en porter. Ils doivent aller au restaurant où a lieu la fête organisée par la compagnie pour laquelle sa mère travaille. Ils ne se rendent pas compte que Raphaëlle est nerveuse.

— Prépare tes affaires pour la nuit, lui ordonne sa mère.

— Pour la nuit ? répète Raphaëlle, sans comprendre.

— Tu vas bien dormir chez Mélodie, n'est-ce pas ?

Raphaëlle avait oublié de faire comme si elle y allait. Elle s'empresse de retourner dans sa chambre. Elle attrape son pyjama et le fourre dans un sac.

— Plie-le comme il faut, lui recommande sa mère en entrant.

La présence de sa mère l'agace.

— N'oublie pas ta brosse à dents, lui rappelle cette dernière.

Raphaëlle rage en sortant de la chambre pour se rendre à la salle de bains.

— Ne vous empiffrez pas de croustilles toute la soirée, lui recommande madame Langevin. D'ailleurs, je crois que tu ne devrais pas en manger. Apporte des pommes, ainsi tu donneras le bon exemple à ton amie. Il me semble qu'elle mange mal. L'autre fois, elle est arrivée ici avec des réglisses comme collation. Vraiment, je trouve que sa mère est trop permissive.

« La mienne l'est trop peu », pense Raphaëlle.

— Et je tiens à ce que tu te couches à 21 heures 30 sans faute. Pas de conversation interminable et, surtout, que je n'apprenne pas que tu t'es couchée plus tard.

— 21 heures 30 ! s'écrie la jeune fille.

Madame Langevin est surprise par l'éclat de voix de sa fille. Elle ne comprend pas puisque, pour elle, cette heure est tardive. Elle considère que sa fille devrait lui être reconnaissante de lui permettre d'aller chez son amie.

— Tu n'es jamais contente ! rouspète sa mère.

Raphaëlle préfère ne pas répondre. Elle en a assez. Dans sa tête se forment une étincelle, un espoir : celui de partir loin, loin, loin. Faire une fugue. Ne jamais revenir.

— Nous te donnons la lune et tu en veux toujours plus, poursuit-elle.

— Ça va, maman. Je vais tenter de persuader Mélodie de se coucher tôt.

— Tôt ? 21 heures 30, c'est tôt ?

Raphaëlle, qui lui tourne dos, lève les yeux au plafond en signe d'exaspération. Elle se demande si sa mère a déjà été jeune ou si elle est née à quarante ans. A-t-elle toujours été aussi sage ou a-t-elle eu un petit ami avec qui elle aimait passer ses soirées ? Quand Raphaëlle songe à son père, il est certain qu'il aimait s'amuser, se divertir et sortir avec ses amis. Qu'est-ce qui l'a attiré vers sa mère ? Elle ne devait sûrement pas être aussi assommante qu'aujourd'hui.

— J'en ai assez ! Essaie de te contenter de ce que nous te donnons et arrête d'en vouloir plus.

Raphaëlle s'excuse tout en se demandant pourquoi elle le fait. Son père crie à sa mère de se hâter, qu'ils vont être en retard. Madame Langevin donne les dernières directives à sa fille :

— Et n'oublie pas d'activer le système d'alarme en sortant.

— Oui, maman.

— À quelle heure te rends-tu chez Mélodie ?

— Elle va me téléphoner quand elle reviendra.

— Où est-elle partie ?

Madame Langevin enfile ses bottes alors que son mari est déjà sorti et l'attend dans la voiture.

— Faire quelques achats avec sa mère. Je crois qu'elles allaient à l'épicerie, puis louer un film pour la soirée. Mélodie devait aussi aller s'acheter des gants, elle en a perdu un cette semaine.

Madame Langevin enfile son manteau et marmonne :

— Je ne suis pas surprise. Mélodie a toujours été dans la lune.

Raphaëlle déteste que sa mère critique sa seule amie. Celle qui a traversé la rue, le jour où Raphaëlle a déménagé, pour lui souhaiter la bienvenue. Elles sont rapidement devenues inséparables.

Au début de leur fréquentation, madame Langevin appréciait que sa fille ait enfin une amie. Puis, quand elle s'était rendu compte qu'elles cessaient de discuter aussitôt qu'elle s'approchait d'elles, elle avait développé une jalousie incommensurable à l'égard de Mélodie. Elle avait tenté par mille et une ruses de savoir de quoi elles parlaient, ne récoltant que des bribes.

Madame Langevin boutonne son manteau.

— N'oublie pas de prendre tes vitamines demain matin, lui recommande-t-elle une dernière fois.

— Oui, oui, fait Raphaëlle, exaspérée. Bonne soirée, maman. Amuse-toi bien, tu le mérites tellement.

La mère se radoucit, heureuse que sa fille lui donne sa bénédiction. Cependant, elle hésite une fraction de seconde. S'en apercevant, Raphaëlle la rassure aussitôt :

— Allez ! Papa t'attend. Ne t'inquiète pas pour moi, je pars dans au plus une demi-heure.

Apaisée de voir sa fille si responsable, elle s'enfuit presque joyeuse. Raphaëlle pousse un soupir de soulagement en regardant la voiture s'éloigner. Elle reste néanmoins sur ses gardes de longues minutes, craignant que ses parents ne reviennent. Pourtant, rien d'imprévu ne se manifeste. Mélodie téléphone pour lui annoncer que, malheureusement, elle doit aller garder et qu'il faut remettre à une autre fois leur soirée pyjama. Raphaëlle trouve que son amie a un peu trop l'air de débiter un texte appris par cœur. Elle espère que la mère de Mélodie ne s'en rendra pas compte. En raccrochant, elle remarque que la mémoire de l'afficheur témoignera que son amie lui a téléphoné après le départ de ses parents. Génial ! Elle n'avait pas pensé à ce détail. Le crime sera parfait !

Plus tard, elle surveille Tristan qui doit sortir de chez lui. Elle sourit de satisfaction quand elle s'aperçoit que le plan se déroule à la minute près.

« Tout va trop bien, se dit-elle. On va sûrement se faire prendre. »

Tristan arrive quelques minutes plus tard. Dans l'entrée, près de la porte, ils sont tous les deux un peu embarrassés. Elle lui offre d'enlever son manteau et ses bottes.

— Qu'est-ce qu'on fait ? lui demande-t-elle.

— J'ai loué un film. Mais on n'est pas obligés de le regarder, s'empresse-t-il d'ajouter.

— C'est quoi ?

Il lui montre la pochette. Elle ne le connaît pas et en lit le résumé tout en marchant vers la cuisine.

— Mmmm ! Ça l'air bien. Tu veux un jus, du pop-corn ?

— Non, merci. Je viens tout juste de souper. Peut-être plus tard. Ta mère s'est doutée de quelque chose ?

Elle lui raconte alors qu'elle avait oublié de préparer son pyjama et ses effets personnels pour se rendre, comme elle le devait, chez son amie.

— Ma mère m'a aidée à faire mon sac pour la nuit. J'avais les mains moites et j'étais nerveuse. Tu viens ? On va aller écouter la télé au sous-sol.

En la suivant, Tristan ne peut s'empêcher de penser à haute voix :

— Ce n'est pas normal de faire tout ce cinéma juste pour passer une soirée ensemble. Je croyais que tu avais plus de cran.

Arrivée en bas, Raphaëlle fait volte-face et avoue :

— J'ai peur de ma mère. Tu voulais la vérité, et bien la voilà ! J'en ai assez d'être en pénitence quand je fais quelque chose que je crois normal pour une fille de mon âge. Maintenant, je préfère faire comme ce soir : me cacher pour voir mon chum.

— Je suis ton chum ?

Prise au dépourvu, Raphaëlle ne trouve pas de réplique. Tristan s'amuse de la voir si décontenancée. Il fait un pas vers elle, pose sa main sur la taille de la jeune fille et l'embrasse. Elle répond aussitôt au baiser de son ami.

— C'est ridicule de nous cacher ainsi puisque nous sommes si heureux, lui dit-elle à l'oreille alors qu'il l'enlace.

Une image lui traverse l'esprit : il se souvient qu'au tout début de l'automne il la détestait. Il était presque heureux d'apprendre qu'elle s'était cassé un bras, parce qu'il avait la conviction qu'elle n'irait plus jogger pendant un certain temps. Il avait espoir que ses parents cessent de le harceler pour qu'il en fasse autant. Depuis, il adore courir en sa compagnie. Et comment expliquer que, maintenant, tout ce qu'il souhaite, c'est la protéger ?

Au lieu de regarder le film, ils préfèrent discuter. Elle, du patin qui devient une corvée. Lui, de l'envie d'abandonner le hockey puisqu'il craint d'être rétrogradé. De plus, il n'arrive pas à convaincre quiconque de son innocence dans l'histoire des stéroïdes.

— Mon père m'oblige à participer à un camp de hockey durant les vacances de Noël. Tu imagines ? Tous les jours de neuf à cinq ! Et on appelle ça des vacances ! J'aurais tellement aimé aller skier.

— Je n'ai jamais fait de ski, lui apprend Raphaëlle.

— Jamais ?

— Non. Mes parents préfèrent que je me consacre entièrement au patinage. Et puis mon entraîneur pense que, si je fais du ski, je pourrais développer certains muscles qui nuiraient à mon entraînement. J'aimerais bien faire de la planche à neige, un jour. Ça a l'air cool d'en faire.

Pris de compassion, Tristan lui entoure les épaules et lui murmure :

— Un jour, je te promets que nous en ferons ensemble.

Il découvre que les yeux de son amie sont illuminés par l'espoir. Encore une fois, son cœur fond. Pendant plus de deux heures, ils échangent des confidences.

Ils se décident enfin à regarder le film. Il est déjà plus de vingt et une heures. Même si l'action qui se déroule au petit écran est captivante, Raphaëlle bâille toutes les cinq minutes. Parfois elle s'assoupit, rouvre un instant les yeux qui se referment malgré elle.

— Allonge-toi, lui suggère Tristan. Je vais aller m'asseoir sur le fauteuil.

— Te chasser loin de moi ? Jamais !

Elle rit et le retient près d'elle. Elle s'étend sur le canapé et il fait de même en se glissant derrière elle. Il ne sait pas comment placer ses bras afin d'être bien. C'est elle qui appuie sa tête sur son bras. Il ne lui reste plus qu'à poser son autre bras sur sa taille, ce qu'il fait presque timidement.

Peu de temps après, il entend son amie respirer profondément : elle s'est déjà endormie. De la savoir si détendue lui procure une sensation de bien-être. Jamais ses parents ou ses amis ne lui ont donné ce sentiment d'être une personne extraordinaire. Avec elle, il est bien. Il se sent compris. Une larme perle au coin de son œil.

— Je t'aime, Raphaëlle, chuchote-t-il.

Elle ne réagit pas. Avoir avoué ce qu'il ressentait pour elle, même si elle n'a pas entendu, le détend, l'apaise. Il est heureux comme un roi.

— Je t'aime, répète-t-il.

Raphaëlle murmure quelque chose d'inaudible et se recroqueville contre lui. Tristan, soulagé d'un poids qu'il n'avait pas conscience de porter et qui l'a soudainement quitté, regarde la télé sans l'écouter. D'ailleurs, il n'entend que les battements de leurs cœurs qui tambourinent à l'unisson.

Des adolescents incompris

Le claquement sourd d'une porte qui se referme tire Tristan de son sommeil. Pendant un instant, il semble perdu. Il ne sait plus où il est. Puis, tout lui revient. Raphaëlle est toujours dans ses bras, endormie. Il entend les voix des parents de son amie. Soudain, son sang se fige puis afflue vers ses joues et son cœur se met à battre furieusement : il se souvient de ses bottes dans l'entrée. Elles trahiront sa présence.

Sans se soucier du sommeil de sa dulcinée, il saute dans le fauteuil voisin du canapé en faisant le moins de bruit possible. Raphaëlle, délaissée par des bras chauds et réconfortants, se réveille en sursaut. Elle voit Tristan mimer le sommeil et, au même instant, elle perçoit des bruits de pas venus de l'étage supérieur. Catastrophée, elle ne sait comment réagir. Tristan lui chuchote de faire semblant de dormir, qu'il improvisera. Elle décide de lui faire confiance, réintègre sa position sur le canapé et ferme les yeux. La télévision émet des grincements sourds, le film étant fini depuis belle lurette. Quelqu'un dévale l'escalier.

— Ben dis donc ! fait madame Langevin.

Raphaëlle n'ouvre pas les yeux. Elle a bien trop peur de se faire gronder. Elle entend Tristan sursauter.

— Oh ! fait-il, faussement surpris.

Il bâille, s'excuse, puis se dresse sur ses jambes avant de s'étirer.

— Qu'est-ce que tu fais là ? demande madame Langevin.

— Raphaëlle m'a téléphoné dans la soirée. Son amie Mélodie est partie garder. Puisqu'elle était seule, elle avait peur de je ne sais trop quoi. Elle m'a demandé de venir lui tenir compagnie. Il faut que j'y aille maintenant.

Malgré ses yeux fermés, Raphaëlle a envie de sauter à la gorge de son ami. Il fait d'elle une mauviette, ce qu'elle déteste. Elle choisit de feindre le réveil et de sursauter à la présence de sa mère. Tristan la juge bonne comédienne.

— Oh ! Maman ! Quelle heure est-il ?

— Deux heures du matin. Qu'est-ce que Sylvie dira quand elle saura que son fils est ici ?

Tristan n'avait pas pensé à cette éventualité.

— La vérité n'a jamais choqué ma mère, répond-il du tac au tac.

L'honnêteté du jeune ne la fait pas faiblir. Monsieur Langevin descend d'un pas lourd.

— Que se passe-t-il ? Tristan ? Que fais-tu là ?

— Je suis venu passer la soirée avec Raphaëlle.

Tristan s'approche du vidéo et en retire le DVD.

— Qu'avez-vous regardé ? demande le père de Raphaëlle.

Tristan lui tend la pochette. Madame Langevin s'impatiente de voir que son mari ne reproche pas à ces deux adolescents d'être restés ensemble sans surveillance. Elle attend que le voisin quitte leur maison pour le réprimander.

— Ta fille est seule avec un jeune homme et tu ne trouves rien de mieux à faire que de lire le résumé du film ? Pire, tu lui demandes s'il l'a aimé ?

Monsieur Langevin se brosse furieusement les dents.

— Que voulais-tu que je lui dise ? Qu'il avait mauvais goût ? Je lui ai dit la vérité, ce film avait l'air très bien.

— Il était seul avec ta fille !

— Et puis ?

Entre eux, le ton de voix a monté d'un cran. Raphaëlle peut les entendre de sa chambre. Elle est scandalisée par leurs propos.

— Elle devait aller chez Mélodie. Son amie a entre-temps accepté d'aller garder et Raphaëlle s'est retrouvée seule. Elle a très bien fait de téléphoner à notre voisin pour lui tenir compagnie.

— C'est un garçon !

— Ça ne fait pas de lui un criminel !

Raphaëlle est certaine que sa mère a envie de crier que Tristan est simplement un garçon et que c'est suffisant. Mais ces mots ne viennent pas. Seuls des va-et-vient bruyants se font entendre de la salle de bains à leur chambre ! Elle se recroqueville sous ses draps. Comme pour se protéger des prochains assauts qui ne tarderont pas à venir !

Elle entend le grincement d'un lit.

— Elle n'a rien fait de mal, proteste son père d'un ton catégorique.

— Elle aurait pu nous appeler.

— En effet, nous serions partis plus tôt de cette soirée archi-endormante !

— En quoi as-tu trouvé la soirée endormante ?

— Tes compagnons de travail, de vraies têtes enflées !

— Que veux-tu dire ?

— Ce Gilbert et ses faux talents d'humoriste !

— Tu sauras que Gilbert, contrairement à toi, réussit toujours à me faire rire.

— Il doit donc avoir un sacré talent de comédien alors. Te faire rire, toi !

Raphaëlle en a marre. Elle veut se rendormir et sentir Tristan près d'elle. Comme elle était bien dans ses bras ! Comme elle aimerait s'y trouver à nouveau ! Les cris de ses parents lui font verser des larmes de fureur. Elle les hait de lui voler une adolescence qui pourrait être si sereine. Contrairement à Mélodie ! Oui, elle envie son amie d'être allée garder des gamins. Même si garder n'est pas toujours amusant. Ce qu'elle préfère, c'est quand elle se retrouve seule, quand les enfants sont au lit, à goûter à la quiétude d'un foyer alors que tout est calme dans une maison aimante. Rien à voir avec chez elle.

Rien à voir non plus avec ce que vit Tristan à son réveil. Son père ouvre les rideaux avec fureur tôt le lendemain. Il se bat avec la toile qui refuse de s'enrouler.

— Qu'est-ce qui se passe ? grogne le garçon en se couvrant d'un drap.

— Debout ! Je t'ai entendu arriver à deux heures de la nuit. Si tu es assez en forme pour veiller tard, tu l'es aussi pour t'entraîner tôt ! Allez, debout ! Tu viens travailler avec moi !

Tristan se redresse, effrayé. Ne peut-il pas dormir un seul matin par semaine ? Serait-ce trop demander d'avoir congé quelquefois ? Il va à l'école toute la semaine, il étudie et, durant les prochains jours, il devra se présenter à l'école de hockey aux aurores. Son père sera en congé toute la semaine, comment peut-il exiger de son fils plus qu'il ne fait lui-même ?

Le jeune homme se lève, place ses oreillers et entreprend de faire son lit. Quand il sent son père suffisamment loin de sa chambre, Tristan se laisse à nouveau tomber sur le matelas. Il prend un oreiller entre ses bras et ferme les yeux, le temps de se souvenir du doux contact du corps de Raphaëlle contre le sien, il y a quelques heures à peine. Il avait même laissé sa main vagabonder près des seins de la jeune fille. Il avait perdu momentanément le fil du film. Soudain, il ouvre les yeux, plisse les sourcils. Une émotion étrange, mais agréable l'envahit : il vient de découvrir qu'il est amoureux ! Il donnerait sa vie pour qu'elle soit heureuse en la délivrant des griffes de sa mère. Il pousse un soupir. Un agréable sentiment de bonheur l'habite. Il la revoit, lui disant timidement qu'il était son chum. Qu'est-ce qu'il en est heureux !

— Tristan ! hurle son père depuis la cuisine.

— Oui, j'arrive, j'arrive !

— Chuuuut ! fait sa mère qui est encore au lit.

Bien sûr, tout le monde dort. Il se sent fautif d'avoir répondu à son père sur le même ton. Il se fera sûrement disputer pour ça. Puis il songe que, justement, son père a crié le premier. Comment pouvait-il supposer que le restant de la famille dormait puisqu'il n'était pas encore sorti de sa chambre ? Il a un point d'avance sur son père. C'est lui le coupable. En criant, il avait négligé le premier le bien-être des autres membres de la famille.

Quand il rejoint son père, il est évident que ce dernier est maussade. Entre chaque bouchée, il tourne furieusement les pages du journal. Tristan n'a pas faim. Il a encore le goût du pop-corn d'hier soir. Celui que Raphaëlle et lui ont regardé cuire dans le micro-ondes. Tristan avait délicatement entouré la taille de son amie et elle avait laissé son dos s'appuyer contre sa poitrine. La sentant détendue, il avait légèrement caressé le ventre de sa bien-aimée. Il n'y avait rien de romantique à regarder un pop-corn éclater dans un micro-ondes ! Cependant, pour lui, ce moment avait été l'un des plus doux et des plus tendres de sa vie.

Il glisse son doigt dans sa bouche et tente de dégager un éclat de maïs soufflé entre ses dents. Il ne les a pas brossées avant d'aller au lit et, ce matin, il le regrette. C'est tout à fait répugnant de découvrir des déchets alimentaires coincés entre les dents. Il se demande tout à coup s'il devrait étudier la médecine dentaire. Un dentiste gagne bien sa vie, non ? Il pourrait aisément acheter une maison pour lui et pour Raphaëlle. Oui, mais dans combien d'années ?

Plongé dans ses réflexions, Tristan étend du beurre d'arachide sur une tranche de pain avant de la plier en deux pour en faire un sandwich.

« Il vaut mieux que je sorte au plus vite de l'école si je veux gagner de l'argent pour nous louer un appartement », songe-t-il.

Il s'imagine en train de tartiner des hamburgers de moutarde et de ketchup dans une cantine minable. Pire, à secouer des frites fraîchement cuites dans une huile graisseuse et nauséabonde. L'image de lui dans une rutilante voiture venant se garer en face d'une clinique dentaire lui plaît davantage.

— Prends une assiette, tu fais plein de miettes, lui reproche son père d'un ton acerbe.

Le sandwich entre les dents, Tristan ramasse tant bien que mal les minuscules bouts de pain éparpillés sur le comptoir. Il range le pot de beurre d'arachide dans l'armoire et son couteau dans le lave-vaisselle.

— Je t'ai dit de prendre une assiette ! Tu te déplaces depuis tantôt et tu en mets partout !

Tristan jette un coup d'œil sur le plancher. Aucune trace de son passage. Il prend néanmoins une assiette, même s'il ne lui reste qu'une bouchée à avaler. D'une main, il tient son dernier morceau et, de l'autre, son assiette. Il s'assoit à la table, même s'il ne lui reste qu'une bouchée qu'il avale dès qu'il prend place. Il jette un œil sur le journal de son père, ne voit rien d'intéressant. Il se lève, et met aussitôt son assiette dans le lave-vaisselle sans même l'avoir salie. Il se demande même pourquoi il fait cela au lieu de la remettre dans l'armoire. Voyant que son père l'observe, il hésite. Il s'empare de l'assiette, prend un chiffon, puis l'essuie et la remet dans l'armoire.

— Explique-moi ce que tu viens de faire, lui demande son père.

— Oublie ça, fait Tristan, écœuré de devoir expliquer tous ses faits et gestes.

Il se sauve à l'étage afin de se brosser les dents. Il passe la soie dentaire avant de s'examiner. Comme il aimerait être dentiste ! Son père préférerait le savoir dentiste que comédien, il en est certain. Il voit quand même son père déçu d'avoir un fils qui n'a pas performé dans la ligue nationale après avoir mis autant d'argent, de temps et d'effort. Mais Tristan n'a jamais voulu faire partie de la ligue nationale ! Plus jeune, peut-être, mais plus maintenant. Et encore moins devenir pharmacien et prendre la relève de l'entreprise de son père.

— Grouille ! Je pars dans cinq minutes, vocifère le paternel.

Il ne sera jamais dentiste, ni pharmacien, ni comédien et encore moins cuistot. Il est et sera toujours un minable face à son père et il le sait. Il range la soie dentaire et s'en va d'un pas lourd.

— Fais moins de bruit quand tu marches.

Tristan en a assez. Afin de ne pas envenimer la situation, il décide de se taire et d'enfiler ses bottes sans rouspéter. Fuir cette famille au plus vite est la meilleure solution. Tant pis pour les études prestigieuses et une profession honorable !

Père et fils se rapprochent Mère et fille s'éloignent

TRISTAN PASSE UN DIMANCHE EXÉCRABLE À LA PHARMACIE. IL DOIT EMBALLER DES CADEAUX DE NOËL POUR LES CLIENTS toute la journée. Grâce aux précieux conseils de madame Hassam, une employée, il prend de la vitesse. Tant mieux, car sinon il y serait encore. L'heure de la fermeture vient enfin. Les employés sont tous partis. Monsieur Roberge s'éternise au téléphone avec un technicien en informatique qui tente de régler un problème au point de vente principal. Tristan continue de remplir seul les tablettes en attendant son père. En allant vers l'entrepôt, il remarque que les parfums ne sont pas encore mis sous clé. La pharmacie a déjà été dévalisée l'an dernier. Depuis, chaque soir, un grillage métallique les protège contre le vol. Son père met un temps fou à fermer ce département. Tristan s'active donc à la tâche.

Voyant qu'il ne reste plus rien à placer sur les tablettes, il entreprend de laver le plancher.

Tout en passant la vadrouille, Tristan se souvient des stéroïdes qu'on a cachés dans son sac. Il aurait envie de se venger. Il pourrait se faufiler derrière le comptoir des ordonnances et subtiliser des médicaments. Ensuite, il pourrait trouver une façon de les glisser dans le sac d'école de Véronneau. Ceux-ci sont souvent fouillés à l'entrée de l'école.

Il vérifie que son père se trouve toujours à l'avant du magasin. Tristan s'empresse alors d'aller derrière le comptoir des ordonnances. Il lit rapidement le nom des médicaments sans savoir ce qu'il recherche vraiment. Il sait par contre quel effet il attend d'eux. Ses yeux s'arrêtent sur une bouteille qu'il tente de dissimuler dans sa poche. Il entend la voix de son père qui est toujours au téléphone. Tristan se rend compte que, s'il vole la bouteille, on s'apercevra vite de sa disparition. S'il ne prend que quelques comprimés, on pourra supposer une erreur. Il ouvre donc la bouteille et en laisse échapper par mégarde le couvercle qui va se coincer sous une étagère. Pris de panique, il se rend compte qu'il ne peut l'atteindre. Une sueur froide coule dans son dos.

— Oui ! Très bien ! Je vous remercie de votre aide, entend-il.

Son père raccroche le téléphone. Tristan empoigne un crayon et se jette à genoux. À l'aide du stylo, il arrive à toucher le couvercle et le glisse lentement vers lui. Quand enfin il s'en empare, il entend son père soupirer :

— Ça fonctionne enfin. Je ferme le terminal et nous partons, annonce-t-il depuis la porte du magasin.

Tristan visse le couvercle et remet le récipient à sa place. Il n'a pris aucun comprimé : il en est incapable. Il aura sa vengeance en temps et lieu, sans risquer d'envenimer son sort.

Il retrouve à temps la vadrouille à l'endroit où il l'avait laissée. Son cœur bat la chamade. Monsieur Roberge s'approche de lui et lui tapote gentiment l'épaule.

— Je ne t'ai jamais vu aussi travaillant ! Notre conversation de ce matin a porté fruit ?

Tristan lui fait un sourire crispé. Pour une conversation, il faut deux personnes. Ce matin, dans l'auto, seul son père parlait. On appelle cela un monologue ou une personne qui en réprimande une autre. Pas une conversation. Surtout qu'elle commençait par « Moi, à ton âge...» et se terminait par : «... J'espère que tu as compris et que je n'aurai plus à te répéter ce que tu dois faire. »

Le regard fier de son père le déprime. Il s'en veut d'avoir tenté de le voler. Le décevoir à nouveau lui est intolérable.

— J'ai une bonne nouvelle à t'apprendre, lui dit son père avec un sourire en coin. Tu ne peux pas t'imaginer à quel point la langue me démange depuis ce midi. J'avais tellement hâte de t'en parler.

— Une bonne nouvelle ?

Tristan espère que son père n'a pas décidé de lui donner un poste plus important à la pharmacie. Si c'est le cas, il se demande s'il saura avoir l'air reconnaissant. Il aimerait tellement ne plus y travailler.

— J'ai reçu un appel de monsieur Garneau, ton instructeur.

— Et…?

Tristan est anxieux. Si la nouvelle est bonne, quelle est-elle ?

— Gingras, le responsable du gym a été accusé de fournir des substances anabolisantes à des mineurs. Il a été interrogé et il a nommé des noms.

— Et….?

— Il a juré qu'il ne t'en avait jamais vendu.

— Bien sûr ! Je n'ai pas besoin de cette merde ! Et je n'en ai jamais fait le trafic. Je te l'ai déjà dit ! Quand l'entraîneur m'a interrogé, le soir où j'ai fait le test antidopage, il semblait me croire. Papa, est-ce que tu me crois, maintenant ?

Monsieur Roberge soupire. Comme il lui est difficile d'avouer sa faute.

— Tu sais, j'ai toujours voulu ton bien. Je t'élève avec les principes que je pense être les meilleurs. Parfois, il se peut que je me trompe. Je ne suis pas parfait, Tristan.

— Je ne le suis pas non plus, papa.

Tristan se félicite une fois de plus de ne pas avoir subtilisé les médicaments.

— Tu es tellement magnifique.

Des larmes remplissent les yeux de Tristan. Ce moment, il l'a souhaité depuis longtemps. Il a soudainement envie de lui parler du théâtre, de ses aspirations, mais une certaine prudence lui dicte que le temps n'est pas encore venu, et qu'un jour pas si lointain, il pourra lui apprendre qu'il s'est inscrit dans la ligue d'improvisation de l'école et qu'il remplacera un élève à compter de janvier. Peu à peu, il lui révélera qu'il aime le théâtre et l'art dramatique.

Un jour, il le lui dira. Bientôt...

Ainsi, c'est dans une ambiance teintée de détente et de bonne humeur qu'ils reviennent chez eux. Il y a longtemps qu'ils n'ont pas bavardé ainsi. Tristan se plaît même à lui raconter quelques anecdotes de la journée. Encouragé par le rire de son père, le jeune homme se permet d'en ajouter un peu plus.

Arrivés à la maison, monsieur Roberge fait la remarque suivante en sortant de la voiture :

— Quelle belle soirée ! On devrait aller jouer dehors après souper.

La perspective d'une telle festivité réjouit Tristan. Il jette un coup d'œil chez sa voisine. Il aimerait l'inviter à être des leurs. Il voudrait l'entendre rire, organiser une bataille de balles de neige, marcher avec elle et lui tenir la main.

— Pourrai-je inviter Raphaëlle ?

Monsieur Roberge taquine aussitôt son fils.

— La charmante voisine ?

La timidité s'empare de Tristan. Il ferme la portière en se contentant de sourire. Ce samedi soir s'annonce des plus joyeux.

— Au fait, où étais-tu hier soir ?

— Chez elle, répond Tristan en désignant la maison voisine.

— Jusqu'à deux heures de la nuit ?

Tristan perd son sourire. Cette nouvelle complicité partagée avec son père a provoqué un sentiment de confiance qu'il regrette aussitôt. Il a maintenant peur des reproches. Afin de les éviter, il s'explique.

— Les parents de Raphaëlle étaient absents et elle devait se rendre chez une amie pour y passer la nuit. Mélodie a changé ses plans et Raphaëlle s'est retrouvée seule. Elle m'a invité à lui tenir compagnie. Elle avait peur de rester toute seule. Ses parents sont rentrés tard.

Ils entrent et en se déchaussant, le père lui demande :

— Et qu'avez-vous fait toute la soirée durant ?

— Nous avons parlé, puis regardé un film.

— Vraiment ?

Inquiet par la question indiscrète de son père, Tristan scrute son visage. Il n'y voit que de la moquerie. Il acquiesce d'un signe de tête, à la fois soulagé et heureux de vivre ce moment d'harmonie avec son père.

Ils réchauffent les restants du souper, minutieusement emballés, que Sylvie a laissés dans le frigo. Une note déposée sur la table précise qu'elle est partie au cinéma avec Justine. Pendant que le repas est au four à micro-ondes, Tristan téléphone à sa voisine. Sa mère répond et dès qu'elle entend la voix de Tristan, elle devient froide.

Aussi froide que les glaçons qui pendent à l'extérieur.

— Raphaëlle ne peut venir au téléphone pour l'instant.

— Est-ce qu'elle peut me rappeler ?

— Pas ce soir. Elle ne peut pas quitter sa chambre.

— Elle est malade ? s'inquiète-t-il.

— Non. Elle ne peut simplement pas quitter sa chambre.

Tristan est si surpris qu'il reste sans voix. Il la salue poliment (il aurait préféré l'envoyer au diable) et raccroche. Il reste un moment près du téléphone, interloqué par cette annonce.

« Qu'a-t-elle bien pu faire pour mériter ça ? » se demande-t-il.

Dès que le repas a été englouti et les plats nettoyés, Tristan s'élance vers son ordinateur dans l'espoir de trouver un message de son amie. Son vœu est exaucé. À la lecture du cri de désespoir qu'elle lui a envoyé plus tôt dans la journée, Tristan est envahi de colère.

Cher Tristan,

J'espère que tu as bien dormi et que tu n'es pas trop fatigué ce matin. J'ai passé une très belle soirée avec toi. Je dois avouer que je suis bien quand tu es près de moi. On dirait que j'ai un ami pour la première fois de ma vie. Ton amitié m'est chère mais, malheureusement, maman m'interdit de te revoir pour l'instant. Je n'ai pas compris pourquoi. Je pense qu'il lui faut juste un peu de temps, qu'elle s'habitue à ta présence (masculine). Elle est si mère poule qu'elle me surprotège. J'en ai marre de ce contrôle parental. J'aimerais tant te revoir. Papa, lui, me le permet, mais afin de ne pas contrarier ma mère, je préfère attendre. Quand papa dit « oui » et maman « non », ils se disputent pendant des heures et des heures. Comme cette nuit. Papa disait que c'était très bien que tu sois venu me tenir compagnie et maman l'assurait du contraire. Que c'était dangereux. Comme si tu pouvais m'agresser ! Elle ne voit dans tous les jeunes de mon âge que des délinquants. J'aimerais qu'elle apprenne à te connaître. Elle verra que tu es adorable.

J'en ai marre de ne pas avoir d'amis. Elle supporte à peine la présence de Mélodie dans mon entourage. Elle trouve que mon amie a une mauvaise influence sur moi. Imagine ce qu'elle pense de toi. Je voudrais tant pouvoir te fréquenter à mon aise. J'aimerais ne pas me sentir coupable quand ils se chicanent. Comment faire autrement quand le sujet de leur désaccord est ma petite personne et l'éducation que je dois recevoir. J'aimerais m'enfuir et, je dois l'avouer, j'aimerais par-dessus tout me retrouver dans tes bras, comme hier soir.

Bon, je dois te laisser. Maman vient de sortir de la douche. Elle peut me surprendre en train de t'écrire. Papa est parti, il n'a pas dit où il allait. Je ne crois pas qu'il soit parti acheter un cadeau de Noël pour ma mère, il ne lui a même pas parlé. C'est moche, la vie, des fois...

Raph. xoxo

Fou de rage, Tristan s'empare du téléphone. Il ne peut concevoir que son amie soit confinée dans sa chambre par sa faute. Madame Langevin, surprise d'entendre à nouveau la voix de Tristan, lui répond sèchement :

— Je crois que tu n'as pas compris. Raphaëlle ne peut pas venir au téléphone.

— Je veux simplement lui parler, exige à nouveau, Tristan. C'est important.

— Je le regrette, mais Raphaëlle ne veut pas te parler, répond-elle d'une voix tranchante.

— C'est vous qui ne le voulez pas. Raphaëlle, elle, le veut. Passez-la-moi.

— N'insiste pas, Tristan. Elle doit rester dans sa chambre.

— Il y a un téléphone dans sa chambre. Elle peut y rester et me parler.

— Comment sais-tu qu'elle possède un téléphone dans sa…

Sans gêne, Tristan l'interrompt :

— Je le sais, c'est tout. Je veux seulement lui parler.

— Qu'y a-t-il de si urgent ? Ne peux-tu pas attendre à demain ?

— Et qu'est-ce qui me dit qu'elle ne sera pas encore détenue dans sa chambre ?

— Elle n'est pas détenue ! s'exclame madame Langevin, ahurie.

Elle le trouve tout à fait insolent.

— Vous appelez ça comment ? Si elle n'est pas détenue, elle peut me parler au téléphone.

Madame Langevin a une forte envie de raccrocher. Elle n'a pas le goût de se faire sermonner par un vaurien. D'ailleurs, pourquoi perd-elle son temps à s'obstiner ? D'un coup, elle raccroche. Tristan fait de même, furieux.

Madame Langevin entre sans frapper dans la chambre de sa fille.

— Comment se fait-il que Tristan sait que tu as un téléphone dans ta chambre ?

Surprise par l'arrivée impromptue de sa mère et, surtout par cette question, Raphaëlle ne peut faire autrement que de rester bouche bée. Puis, se ressaisissant, elle bégaie :

— Je… je… je ne sais pas. Je lui ai sans doute dit que je possédais un téléphone dans ma chambre. Je crois l'avoir déjà appelé d'ici.

— Tu essaies de me cacher qu'il est venu dans ta chambre hier soir !

— Non ! s'écrie aussitôt la jeune fille.

Raphaëlle comprend aussitôt que sa mère doute d'elle et, surtout, de ses faits et gestes. Insolente, elle soutient son regard et lui lance :

— C'est pas parce qu'un gars entre dans ma chambre que je coucherai avec lui !

— Raphaëlle !

— Et c'est pas parce que je parle avec un gars, que je regarde un film avec lui que je couche nécessairement avec lui !

Vlan ! Une gifle claque. Étonnée, Raphaëlle porte la main à sa joue et ses yeux se remplissent aussitôt de larmes.

— Ce garçon a une mauvaise influence sur toi ! Il vient de téléphoner et il a tellement insisté pour te parler que je l'ai trouvé tout à fait impoli. J'ai l'impression qu'il déteint sur toi.

Raphaëlle ne peut retenir les larmes.

— Tristan est mon ami. Il n'est pas impoli. Pourquoi m'empêches-tu d'avoir des amis ? Tu agis de la même manière avec Mélodie. Tu hais quand je suis avec elle. Serais-tu jalouse ?

Touchée à vif, madame Langevin s'exclame aussitôt :

— Mais non, voyons ! Ils déteignent sur toi et tu prends de mauvaises habitudes. Et puis, voilà que tu discutes ! Tu as toujours été docile et obéissante. Tu…

— Je ne suis pas un chien !

Elles soutiennent chacune le regard de l'autre : la mère, étonnée par l'insolence soudaine de sa fille, l'adolescente exaspérée de vivre sous les ordres de sa mère. Raphaëlle baisse les yeux la première et s'empare du téléphone.

— Que fais-tu ?

— Tu m'as dit que Tristan avait appelé, eh bien ! je vais le rappeler.

Madame Langevin lui arrache le téléphone des mains.

— Il n'est pas question que tu lui parles.

— ARRÊTE DE ME DIRE QUOI FAIRE ! hurle Raphaëlle.

À ce moment, son père entre dans la chambre.

— Mais qu'est-ce qui se passe ?

Raphaëlle hésite. Si elle accuse sa mère de l'empêcher de téléphoner à Tristan, une querelle risque d'éclater entre ses parents. Elle sait que son père prendra sa défense.

— C'est entre nous deux, répond sa mère.

L'adolescente reste muette.

— Ta joue est rouge, remarque son père en s'approchant. Tu l'as giflée ! s'écrie-t-il en se tournant vers son épouse. Pourquoi ?

— Elle ne veut pas m'écouter. De plus, elle est impertinente !

— Ce n'est pas une raison pour la gifler !

— Tu ne peux pas en juger, tu n'étais pas là.

Raphaëlle assiste, penaude, à la dispute entre ses parents. Encore une fois, elle est la source de leur conflit. Elle s'en veut d'avoir provoqué cette querelle. Elle aurait mieux fait de se taire et d'écouter sa mère. Cependant, elle réalise qu'elle n'a plus aucune envie d'être *docile et obéissante.*

— Elle ne m'écoute plus et elle n'arrête pas de me contredire !

— Peut-être parce qu'elle veut en faire à sa tête !

— Elle n'a que quinze ans. Elle ne sait pas ce qu'est la vie !

— Elle l'apprendra par elle-même !

— Je ne veux pas qu'elle fasse les mêmes erreurs que nous avons faites quand nous étions jeunes.

— Oui, mais nous avons appris, même si c'était à nos dépens.

Le ton de leur voix s'est considérablement élevé. Raphaëlle se sent de plus en plus coupable. Surtout, elle ne veut plus les voir se disputer. Elle choisit de quitter sa chambre. Absorbés par leur discussion orageuse, ils ne remarquent même pas son départ.

Raphaëlle descend l'escalier d'un pas lourd. Plus les minutes passent, plus ses parents crient. Même en se bouchant les oreilles avec les mains, Raphaëlle les entend. Elle attrape son manteau, enfile ses bottes et sort en prenant soin de ne pas claquer la porte. Elle court jusque chez son voisin et tambourine à la porte.

— Raphaëlle ! s'étonne Tristan en la découvrant en pleurs. Qu'est-ce qui se passe ?

Elle entre sans y être invitée. Elle se demande bien ce qu'elle fait là, comment lui expliquer et par où commencer.

— Viens, dit-il. Enlève ton manteau et tes bottes, allons au sous-sol. Nous y serons tranquilles.

La voix douce de son ami la réconforte. Dans la cuisine, monsieur Roberge range la vaisselle en fredonnant. Il salue gaiement la nouvelle venue puis remarque ses yeux rougis, encore pleins de larmes. Il lance un regard inquiet à son fils. Ce dernier hausse les épaules et suit son amie dans l'escalier qui mène au sous-sol.

Raphaëlle s'assoit sur le canapé. Tristan l'imite puis ne peut résister à l'envie de la prendre dans ses bras. Ce geste apaisant fait fondre en larmes la jeune fille. Inquiet d'entendre la jeune voisine pleurer, monsieur Roberge a une envie soudaine de rejoindre les jeunes. Il s'arrête au haut de l'escalier quand il entend :

— Ils n'arrêtent pas de se disputer à mon sujet ! fait-elle entre deux sanglots.

— Qui ? Tes parents ?

Elle ne répond pas. Monsieur Roberge tient pour acquis que son silence vaut une réponse.

— Maman m'en veut parce que tu es venu passer la soirée à la maison hier. Elle ne me fait pas confiance. Elle pense que nous… Elle ne me croit pas quand je lui dis que nous avons écouté un film et que nous nous sommes endormis. Elle dit que tu as une mauvaise influence sur moi, pourtant, elle ne te connaît même pas.

Monsieur Roberge s'offusque qu'une personne puisse penser que son fils peut avoir mauvaise influence sur une autre personne.

— Je pense qu'elle a peur de moi, répond sagement Tristan.

Un silence s'installe. Le père attend la suite en félicitant son fils de si bien dire.

— Je crois que, pour des parents, voir un garçon entrer dans la vie de leur fille est un peu inquiétant.

— Pas s'ils ont confiance en elle ! Pas s'ils prennent le temps de l'écouter. Tu n'es pas une menace pour moi ni pour eux. Je suis privée de sortie jusqu'à nouvel ordre.

— Que fais-tu ici alors ? demande Tristan, avec une pointe d'ironie.

Raphaëlle renifle bruyamment. Monsieur Roberge est attendri.

— J'en avais assez de les entendre se chamailler à mon sujet. Je suis partie sans les avertir. Je ne sais même pas s'ils ont remarqué mon absence.

Raphaëlle fait une pause avant de poursuivre :

— Maintenant que je suis partie, je le regrette. Quand je vais retourner chez moi, et qu'ils sauront que je suis venue te voir, ils vont à nouveau me disputer et ils s'engueuleront une fois de plus.

Monsieur Roberge réfléchit à la suite à donner aux évènements.

— Maman veut que je sois championne de patinage artistique. Moi, je ne veux pas. Je veux prendre le temps de vivre. Je veux avoir des amis, et de temps en temps, sortir avec eux. Je veux vivre ma vie. Pas les rêves de ma mère.

— Je sais ce que c'est, Raphaëlle. J'aimerais tant dire à mes parents que je préfère être acteur ou même dentiste. J'ai beaucoup plus de chance de le devenir que d'être repêché par la ligue nationale de hockey.

Monsieur Roberge est foudroyé par cette révélation. Comme son fils a raison !

— Mais ils ne nous écoutent pas. Tu as raison, ils ne voient que leur rêve en nous, constate l'adolescent.

Le père de Tristan en a assez entendu. Son fils ne lui a jamais semblé aussi mature qu'aujourd'hui. Ces révélations le chamboulent. Il se revoit au même âge, son propre père lui ordonnant de travailler encore et encore sur la ferme familiale. Mais il n'a qu'une envie, rejoindre ses amis et jouer à l'aréna du village, car il rêvait de devenir un grand joueur de hockey. Il n'avait aucune envie de devenir fermier. Il a fui la campagne pour aller étudier à Montréal et jouer au hockey aussi souvent qu'il le voulait. Il a longtemps vu la déception dans les yeux de son père alors qu'il réussissait bien ses études. Ce dernier aurait tant voulu que son fils travaille avec lui sur la ferme.

Monsieur Roberge se voit à nouveau, le matin même, tirer Tristan du lit et l'obliger à se rendre à la pharmacie avec lui. Soudain, il s'en veut. Il s'était pourtant promis de ne jamais agir comme son père l'avait fait.

Il en vient à penser que son fils n'a peut-être aucune envie de se rendre à son camp d'entraînement, qu'il préfère sans doute accompagner la famille à la montagne pour faire du ski.

« Il pourrait y aller une semaine au lieu de deux », songe-t-il.

Plongé dans ses pensées, il regarde par la fenêtre. Le bruit des voix des adolescents qui discutent au sous-sol lui parvient sans qu'il en distingue les paroles. Dehors, il aperçoit son voisin sortir de la maison et appeler sa fille. Monsieur Roberge réagit aussitôt.

— Tristan ?

— Oui, papa !

— Je vais dehors, marcher un peu.

Il enfile ses bottes et son manteau, sort sans même prendre la peine de l'attacher.

— Eh ! Louis ! fait-il en saluant de la main son voisin.

— Oh ! Bonsoir Claude ! Tu n'aurais pas vu Raphaëlle ?

Monsieur Roberge avance en attachant son manteau, puis relève son collet.

— Elle est avec Tristan. Tu viens marcher avec moi ? Je voudrais te faire part d'une conversation que je viens de surprendre.

Louis a un moment d'hésitation. L'étonnement se peint dans son visage. Sa curiosité piquée, il accepte. Mais, avant, il décide d'avertir son épouse.

— Elle est chez Tristan ! s'écrie-t-elle, hors d'elle. Je lui avais pourtant défendu de sortir.

— Calme-toi ! Claude a entendu leur conversation et il veut m'en parler. J'irai ensuite voir Raphaëlle. Ça te va ? Viens marcher avec nous, ça te détendra.

— Je n'ai aucune envie de partager mes problèmes familiaux avec le voisin, poursuit-elle d'une voix rude.

— Bon. Très bien.

Louis claque la porte et s'en va rejoindre son voisin qui l'attend dans la rue. Ensemble, ils marchent longtemps. Claude rapporte ce qu'il a entendu puis, peu à peu, ils s'échangent des confidences.

Une atmosphère de temps des fêtes

LE TÉLÉPHONE RETENTIT. TRISTAN RÉPOND SANS HÂTE.

— Bonsoir, Tristan ! C'est Carole Langevin. Je veux parler à ma fille.

Le ton de sa voix est autoritaire. Inquiet, le jeune homme dépose le combiné. Il sait que son amie sera réprimandée. En lui annonçant que l'appel est pour elle, il a l'impression de l'envoyer au bûcher. Il reste près d'elle lorsqu'elle parle avec sa mère. Raphaëlle semble démolie quand elle raccroche.

— Je dois rentrer, fait-elle sans entrain.

Tristan est désolé. Il attire la jeune fille dans ses bras et la serre contre lui. Il niche son nez dans son cou.

— Tu crois que ça va aller ? lui demande-t-il alors qu'il la regarde revêtir son manteau.

— Ouais. En fait, non, se ravise-t-elle en soupirant. Je n'ai pas d'autre choix.

Juste avant de sortir, Tristan la retient. Il pose ses mains sur les joues de Raphaëlle pour l'obliger à le regarder. Il plonge son regard dans le sien. Il voit les larmes envahir ses yeux.

— Je te promets que nous serons libres bientôt.

Il l'embrasse avec tendresse. La porte s'ouvre subitement derrière eux.

— Oh ! Pardon ! fait le père de Tristan.

Les jeunes amoureux se dégagent rapidement l'un de l'autre en rougissant.

— Bye, Tristan ! Bonsoir monsieur Roberge ! lance Raphaëlle en sortant.

La porte s'est refermée avant que Tristan ou son père n'ait eu le temps de répondre. Ils échangent un regard. L'un est intimidé, l'autre aurait envie de se moquer de son fils.

— Don Juan, va ! fait-il avant que son fils ne s'enfuie en riant dans sa chambre, heureux de cette nouvelle complicité.

Dès qu'il se retrouve seul, l'inquiétude s'empare de Tristan. Il regarde par la fenêtre et voit son amie qui discute avec son père, dehors, près de la porte d'entrée. Il espère que tout ira bien pour elle.

— Pourquoi es-tu partie sans nous avertir ? demande, d'une voix douce, monsieur Langevin à sa fille.

Raphaëlle prend aussitôt un air repentant.

— Je suis désolée…

Elle n'a pas le courage d'avouer que c'est parce qu'elle en avait assez de les entendre se chamailler.

— Allez, viens ! N'en parlons plus.

Si elle est soulagée que son père ne la réprimande pas, il en va autrement avec sa mère, toujours furieuse.

— Tu as désobéi, lui reproche-t-elle aussitôt. Tu n'avais pas le droit de sortir de ta chambre !

Raphaëlle subit son sort sans répliquer. Elle reste muette et fixe le bout de ses pieds.

— Laisse-la tranquille, ordonne monsieur Langevin.

— Tu n'as pas à me dire toujours quoi faire et quoi lui dire ! lance madame Langevin à son époux.

— Tu es trop sévère avec elle.

Et voilà, la discussion entre ses parents reprend de plus belle.

Raphaëlle les regarde à tour de rôle, impuissante. Elle soupire avant de porter son attention sur l'arbre de Noël qui scintille dans un coin du salon. Auparavant, un simple coup d'œil au sapin suffisait à la combler d'une frénésie qui l'enveloppait de bonheur. En ce moment, elle se demande comment se déroulera la nuit de Noël. Bizarrement, elle n'a aucune hâte. Quatre jours les séparent de cette fête. Aucun des cadeaux posés sous l'arbre n'excite sa curiosité. Elle ne sait plus si des chants de Noël ont résonné dans la maison. Il lui semble que non. Auparavant, la musique du temps des fêtes envahissait le rez-de-chaussée dès le 1er décembre. Grand-maman venait cuisiner des tourtières et des beignes. Raphaëlle et sa mère prenaient grand plaisir à assister l'aînée qui se faisait une joie de raconter comment on se réjouissait alors qu'elle était jeune fille. Elle n'est pas venue cette année. La cuisine ne s'est pas remplie d'odeurs agréables.

— Tu es toujours sur son dos !

— Et toi, tu es trop permissif avec elle !

Comme Raphaëlle a envie de fuir cette maison ! Mais pour aller où ? Ses parents la trouveraient trop rapidement chez Tristan. Sauf si elle partait en catimini au milieu de la nuit…

— J'en ai marre de vos querelles, marmonne-t-elle.

— Quoi ? font ses parents en chœur.

Elle se rend compte qu'elle a dit à haute voix ce qu'elle pensait. Affrontant leurs regards, elle répète :

— J'en ai assez ! Laissez-moi respirer !

Les deux adultes la regardent bouche bée. Elle leur tourne le dos et descend au sous-sol. La dispute reprend de plus belle. Raphaëlle a le temps d'ouvrir l'ordinateur et d'envoyer un message à son voisin :

Je partirai en douce à minuit. Fais clignoter la lumière de ta chambre à cette heure précise pour me dire si je peux me réfugier chez toi.

Lorsqu'elle envoie son message, sa mère lui demande de regagner sa chambre. La jeune fille efface toute trace de son message avant d'obéir.

Longues sont les heures avant le rendez-vous fixé. Raphaëlle craint que son ami n'ait pas regardé ses messages.

Ses parents se sont couchés peu avant vingt-deux heures trente. Elle entend son père respirer profondément. Par contre, elle n'est pas certaine que sa mère dorme. Elle sait que, si elle se lève pour aller à la salle de bains et que sa mère ne dort pas, cette dernière viendra vite la rejoindre pour voir si elle est souffrante. Vers vingt-trois heures, c'est ce qu'elle décide de faire le plus silencieusement possible. Comme prévu, sa mère la rejoint *illico*.

— Tu vas bien ?

— Oui, t'inquiète pas, répond-elle, un peu exaspérée. J'avais soif.

Surtout ne pas révéler qu'elle a mal à la tête. Un plan pour que sa mère la veille toute la nuit. Elle fait mine de bâiller puis chuchote :

— Bonne nuit, maman !

Apaisée, madame Langevin laisse sa fille filer dans son lit et regagne le sien. Quand Raphaëlle lui parle ainsi doucement, elle se sent mieux. Elle écoute son mari ronfler et elle est persuadée que c'est lui qui a tort, lui qui la surprotège. Lui qui ne voit pas tout le talent qu'elle possède pour devenir une grande championne de patinage artistique.

Le sourire aux lèvres, elle tourne le dos à son mari, relève les couvertures et attend que le sommeil la gagne alors qu'elle voit sa fille entourée de journalistes.

Raphaëlle est immobile dans son lit. Elle n'ose pas bouger de peur que sa mère ne vienne vérifier son sommeil. Pourtant, elle sait très bien qu'elle l'a suffisamment apaisée et qu'elle ne reviendra plus.

Raphaëlle regarde l'heure. Plus que dix minutes avant l'heure fixée. Son cœur bat la chamade. Elle espère que sa mère est bien endormie. Avec mille et une précautions, elle se lève et s'habille sans faire de bruit.

Elle jette un coup d'œil par la fenêtre : une lumière clignote déjà chez son voisin.

La fugue

— MAIS QU'EST-CE QUI T'ARRIVE ? CHUCHOTE TRISTAN EN OUVRANT LA PORTE À SON AMIE.

— Je n'en peux plus, lui dit-elle. Je veux m'enfuir.

— Pour aller où ? fait-il, estomaqué par cette révélation.

— Viens me conduire au terminus d'autobus à Montréal. Je veux aller chez mes grands-parents qui habitent en Gaspésie.

Face à la détermination qui durcit le visage de son amie, Tristan doit improviser. Il est d'accord pour la sortir de cet enfer, mais il n'a pas envie qu'elle disparaisse de sa vie. Peut-être que se cacher dans un motel, pour la nuit, serait suffisant.

— O.K. Attends-moi, je reviens, s'entend-il lui répondre.

Cinq minutes plus tard, le couple d'adolescents s'engouffre dans la voiture de monsieur Roberge. Tristan met nerveusement le contact. Les vitres sont glacées. Il a peur de réveiller ses parents s'il les gratte. À l'aveuglette, il se rend au coin de la rue où il peut sans gêne enlever la couche de glace qui obstrue sa vision.

En reprenant place dans la voiture, Tristan attaque :

— Une fois que tu seras en Gaspésie, tes grands-parents informeront tes parents que tu viens de débarquer chez eux.

La pluie verglaçante a rendu la chaussée glissante. Il n'aime pas conduire dans ces conditions.

— Et si je parlais à tes parents, Raphaëlle.

— Ça ne donnera rien. Ma mère ne voudra pas écouter.

Tristan serre les lèvres avant de poser la question qui le ronge :

— Tu crois qu'en fuguant, tu régleras tout ? Leurs chicanes, leur…

— Tristan, tu vois une autre alternative ? Moi oui. Il y a une seule autre option : je pourrais aussi m'enlever la vie. Ça réglerait bien des problèmes.

Le jeune homme est atterré.

— T'es pas sérieuse, j'espère ?

La réponse de Raphaëlle est inaudible. Tristan croit avoir entendu un « peut-être ». Il pince les lèvres, et choisit d'insister :

— Tu ne penses pas qu'à deux on pourrait convaincre nos parents, leur dire qu'on est rendus à bout ?

— Tes parents, peut-être. Mon père, certainement. Mais pas ma mère. Je vais trop la décevoir si je lui dis que je ne veux plus patiner.

— Tu la décevras encore plus si tu t'enlèves la vie.

— Ce sera une pénitence éternelle pour elle.

— Non mais… Réfléchis enfin !

C'est la seule carte qu'il lui reste : le remords. Raphaëlle a toujours voulu que sa mère soit fière d'elle, ça il le sait. Tristan poursuit d'une voix douce :

— Moi, je vais avoir de la peine si tu commets l'irréparable. Je ne te l'ai jamais dit mais je… je t'aime, tu sais.

Raphaëlle tremble. Des larmes envahissent ses yeux. Elle se sent pitoyable. Elle soupire puis avoue :

— Je serai incapable de me suicider, même si je crois que ça réglerait tous mes problèmes. En fait, j'agirais par lâcheté. Je sais que la vie vaut la peine d'être vécue à condition que ma mère lâche prise. Mais je ne sais plus quoi faire pour ne plus subir ses remontrances. Si je fuis pendant quelques jours, elle aura la frousse. Je lui avouerai, lorsqu'elle sera calmée, ce que j'ai sur le cœur. Par téléphone, ce sera plus facile pour moi de l'affronter.

Tristan se demande s'il n'y aurait pas une autre solution. Il pourrait convaincre son amie de voir un psychologue ou un médiateur qui pourrait rétablir la paix entre la mère et la fille.

— Tu voudrais venir avec moi en Gaspésie ? demande-t-elle d'une petite voix. Nous aurions le droit de nous voir, personne ne réglementera nos faits et gestes. Nous pourrions être libres pour la première fois de notre vie.

— Mais je suis libre ! s'indigne Tristan.

— Ton père qui t'oblige à te rendre à ce camp de hockey auquel tu n'as aucune envie d'assister, tu appelles ça de la liberté ? Nous sommes des pantins et j'en ai assez que nos parents tirent les ficelles. C'est assez ! répète-t-elle plus fort.

Tristan se rembrunit.

— Non, je ne fuguerai pas. Parce qu'il y a encore de l'espoir, Raph. Mon père m'a confié aujourd'hui qu'il me trouvait magnifique. Il y a quelques semaines, même jusqu'à ce matin, je n'aurais jamais cru qu'il serait capable de me complimenter.

Elle aurait cru qu'il aurait accepté de l'accompagner chez ses grands-parents paternels. Elle est déçue. Elle aimerait croire en son espoir, mais elle ne se fait pas d'illusion. Tristan pose sa main droite sur la cuisse de la jeune fille et détourne un instant les yeux de la route, le temps de la rassurer du regard.

— On va trouver une solution. Fais-moi confiance. Tu veux venir prendre un café chez Tim…

— Attention ! La lumière est rouge.

Tristan n'a pas le temps d'appliquer les freins. Il passe sans avoir ralenti. Par chance, aucune voiture ne traversait au même moment.

— Zut ! fait Tristan en jetant un œil dans son rétroviseur.

Raphaëlle se tourne et voit s'allumer les gyrophares d'une voiture de police. Le premier réflexe de son compagnon est d'accélérer.

— Mais qu'est-ce que tu fais ? s'alarme-t-elle.

— Je n'ai qu'un permis provisoire. S'il m'arrête, je perds mon permis.

— Pour avoir grillé un feu rouge, tu ne perdras que deux points. Arrête-toi, je t'en prie. Si tu fuis, tu perdras tous tes points, et là, tu n'auras plus de permis. Crois-moi !

— Si tu fuis aussi, tu perdras tous tes points face à ta mère.

— C'est pas le temps de faire du chantage. Arrête-toi ! On dira au policier que nous n'avons pas vu le feu rouge. Allez, il est encore temps.

Tristan obtempère et appuie sur les freins. La voiture glisse en déviant de sa trajectoire. L'inexpérience du jeune homme en est la cause. Il a oublié que la chaussée était glacée. Tout va trop vite. Même s'il braque les roues, rien n'y fait. Il a perdu le contrôle de son véhicule. La collision avec un poteau est imminente. Pour protéger sa passagère, il porte le bras droit sur elle. Sa main gauche serre de toutes ses forces le volant. Raphaëlle se tient à deux mains au siège et ferme les yeux. Bang !

Sacré destin !

UNE AMBULANCE EST DÉPÊCHÉE SUR LES LIEUX DE L'ACCIDENT. LE POLICIER PRÉFÈRE ENVOYER LES JEUNES À L'HÔPITAL pour un examen de routine. D'ailleurs, il a remarqué que la jeune fille boitait. Quant au conducteur, il assure qu'il n'a mal que dans le cou. La voiture a subi des dommages matériels peu importants, mais elle n'est plus en état de rouler. L'aile du côté du passager est amochée et une roue semble ne plus être alignée.

Raphaëlle a une peur bleue d'affronter ses parents. Qu'est-ce qu'elle pourra bien leur dire ? Et Tristan, pauvre lui ! Il se fera passer tout un savon par son père. Elle s'en veut de l'obliger à subir un tel châtiment. Elle doit leur avouer que tout est de sa faute. Sans elle, Tristan n'aurait jamais quitté la maison en pleine nuit.

Aux urgences, Tristan et elle sont momentanément séparés lors des examens. Il la rejoint à la sortie de la salle de radiologie.

— Comment vas-tu ? s'informe-t-il.

— Ma cheville est fracturée. Et toi ?

Il sourit en coin.

— Dis donc, tes os sont en porcelaine ! D'abord ton bras, maintenant ta cheville !

Malgré tout, elle apprécie sa moquerie qui l'aide à dédramatiser la situation. Elle s'informe à nouveau de sa santé.

— Je vais devoir porter ce collet rigide pendant quelques jours, mais je n'ai rien de grave, t'en fais pas. Tu crois que ça me va bien ? demande-t-il en faisant un tour sur lui-même.

Il se félicite d'avoir réussi à arracher un éclat de un rire à son amie.

En attendant de savoir s'il y a un orthopédiste de garde qui pourra lui fabriquer un plâtre, ils partagent leurs craintes.

— Tu as téléphoné à tes parents ? demande-t-elle.

— Non, le policier s'en est chargé.

— Hou là là ! J'imagine que le réveil a dû être brutal. On va sûrement se faire engueuler.

Tristan prend un moment pour réfléchir. Il est heureux que le destin ait choisi de mettre fin à la fugue de son amie. Il aurait aimé qu'elle ne se blesse pas, ça c'est sûr, mais somme toute, cette conclusion lui plaît. D'un ton calme, il expose sa stratégie.

— Nous allons en profiter pour mettre les cartes sur table. Nous dirons la vérité. Ni plus ni moins. Ce sera difficile pour nous d'avouer que tu voulais faire une fugue, que j'avais la trouille de te suivre, mais que j'étais complice, que nous ne sommes plus capables d'être des enfants parfaits.

— Tu... tu crois qu'ils vont nous écouter ?

— Ils vont nous écouter, crois-moi. Ça prendra peut-être un certain temps avant qu'ils comprennent. Mais ils comprendront. Tiens ! Les voilà !

En effet, les quatre parents entrent en trombe dans la salle d'attente. Les enfants ont d'abord droit à des réprimandes de part et d'autre, mais lorsque la mère de Tristan leur demande ce qui les a poussés à prendre la voiture en pleine nuit, tout le monde se tait pour entendre la réponse. Tristan prend la main de sa copine afin de lui donner du courage :

— C'est de ma faute. J'ai convaincu Tristan de venir me conduire au terminus d'autobus à Montréal.

— Au terminus d'autobus ! répète madame Langevin. Mais pourquoi faire ?

— Pour aller en Gaspésie, chez papy et mamie. Je... je n'en pouvais plus de vous entendre vous quereller papa et toi à mon sujet. Je n'en peux plus d'essayer d'être parfaite. Je suis fatiguée de vous décevoir sans cesse. Avant que je ne vienne au monde, vous étiez amoureux l'un de l'autre. Maintenant il est clair que j'empoisonne votre vie, ajoute-t-elle en fondant en larmes.

Madame Langevin inspire profondément. La présence des voisins la rend pitoyable et elle se sent encore plus coupable. Elle hait son rôle.

— Je suis désolée ! fait-elle en serrant sa fille dans ses bras.

Pour sauver son image de mère parfaite, elle déclare :

— C'est moi qui exige trop de toi.

Sans le savoir, madame Langevin tombe dans son propre piège, car Raphaëlle saisit la perche qui lui est tendue : celle de profiter de l'occasion. Elle est trop belle et elle ne peut attendre à demain. Car demain, il sera peut-être trop tard ou elle n'aura plus le courage de se confier :

— Je ne veux plus faire de compétition. Je suis navrée de mettre fin à tes rêves. Quand ma blessure sera rétablie, j'aimerais rejoindre cette troupe de patineurs qui offrent un spectacle hors de l'ordinaire. Tu sais, celle d'Alexandre ? Son idée est extraordinaire. Il compte s'inspirer du Cirque du Soleil pour monter des numéros. Si ça fonctionne, on pourra partir en tournée.

— Ceux qui s'amusent à cracher du feu et danser sur du break dance ? lance-t-elle, épouvantée par cette perspective.

Raphaëlle hoche la tête en signe d'acquiescement. Elle se permet d'ajouter :

— On a parlé de lui dans *La Presse* la semaine dernière. On lui prédit un bel avenir. Oh ! Voilà l'agent de police.

L'estomac des deux jeunes gens se contracte à la vue du gardien de la paix. La sentence tombera sous peu. Quel sera le verdict ? Les parents se dirigent vers lui. Bien qu'ils chuchotent, Raphaëlle entend la phrase suivante : « Votre fille est malheureuse. » Il en est venu à cette conclusion en discutant avec elle lorsqu'ils attendaient l'ambulance. Il lui avait habilement tiré les vers du nez en la questionnant.

Le policier conclut enfin :

— C'est une chance qu'ils s'en soient sortis indemnes. L'accident aurait pu être plus grave. Une fracture à la cheville et un cou endolori, ça guérit et bien à leur âge. Le fils de ma sœur est devenu quadraplégique après un accident de la route. Je vous jure que ça change une vie.

La mère de Raphaëlle est abattue. S'il avait fallu que sa fille perde la mobilité de ses membres, elle s'en serait voulue le restant de ses jours. Soudain, la vérité la frappe de plein fouet. Sur le coup, elle ne peut avouer que c'est à cause d'elle que sa fille fuguait. Son orgueil la rend aveugle et amnésique. Mais peu à peu, des filets de souvenirs lui rappellent les appels S.O.S. que sa fille lui lançait depuis un certain temps. Madame Langevin était obnubilée par des rêves de gloire. Pas ceux de sa fille, mais bien les siens. Et voilà où cela les a menés. Elle jette un œil vers son mari : il est déjà auprès de leur fille en train de la réconforter. Il tend une main à son épouse et l'invite à se joindre à leur étreinte. Voilà le moment choisi pour se réconcilier. Elle s'approche et s'unit à eux en les encerclant de ses bras.

Tout effacer, tout recommencer. Ce ne sera pas facile, mais à partir d'aujourd'hui, tout est possible. D'abord sauver son mariage, sa relation mère-fille et, ensuite, elle discutera de l'avenir de sa fille en patinage artistique. Peut-être réussira-t-elle à la convaincre de reprendre les compétitions.

La veille de Noël

LE MATIN DU 24 DÉCEMBRE, RAPHAËLLE SE RÉVEILLE AUX AURORES. ELLE POURRAIT EN PROFITER POUR SE RENDORMIR mais elle n'en a pas envie. Elle se sent fébrile en cette veille de Noël. Quelques jours plus tôt, elle était persuadée qu'elle avait perdu à tout jamais l'enchantement qui entoure cette fête. Depuis sa tentative de fugue, tout a changé. Et en mieux.

Ses parents dorment encore quand elle quitte sa chambre. À la cuisine, elle prépare un chocolat chaud qu'elle décide d'aller boire au sous-sol, où elle a l'intention de naviguer sur Internet. En se branchant sur le réseau, elle découvre avec joie que son voisin est présent sur la messagerie électronique. Il lui écrit aussitôt qu'elle se connecte :

Bonjour Raph,
Alors, comment vas-tu ce matin ?
Tristan

Bonjour Tristan,
Je vais bien. Ce n'est pas évident de dormir

avec le pied dans le plâtre. Il me semble que c'était moins pire quand mon bras était cassé. Et toi, quoi de neuf ?
Raph xoxo

La réponse apparaît aussitôt sur l'écran de Raphaëlle. Elle s'empresse de lire le message :

Bah ! J'ai reçu la contravention que je méritais : 300 $ pour avoir grillé le feu rouge, j'ai perdu trois points d'inaptitude. Il ne m'en reste qu'un et je te jure que je vais faire attention. Je t'en prie, attends que j'aie mon vrai permis pour faire une autre fugue ! Ah ! ah ! ah ! Pour les réparations de l'auto, je devrai faire des heures sup' à la pharmacie. Ouach ! ouach ! ouach !
Tristan

Les doigts de l'adolescente virevoltent sur le clavier :

Des heures supplémentaires à la pharmacie ? Quel ennui ! Quel châtiment infâme ! Et le ski ? Tu pourras y aller ?
Raph

Je vais pouvoir y aller une semaine. L'autre, je serai obligé de me rendre au camp d'entraînement. C'est bizarre, mais cette éventualité

me plaît. Ainsi, je vais être dans le coin et je pourrai donc t'inviter à sortir le soir. Et toi, chez toi, comment ça se passe ?
Tristan

Il paraît que nous allons réveillonner chez toi ce soir ? Maman m'a appris la nouvelle hier soir.
Raph

Oui, mon père a décidé de jouer au réconciliateur. Et puis, il s'est mis en tête que ta mère devait faire ma connaissance afin qu'elle te laisse libre de me fréquenter. Il pense que ce sera plus joyeux si nous sommes plusieurs que chacun de son côté.
Tristan

Je crois que c'est une très bonne idée. Je suis certaine que nous nous amuserons plus. Ça ne vous dérange pas que ma grand-mère soit de la fête ? Elle est arrivée hier soir.
Raph

Ta charmante grand-mère qui confond toujours mon prénom et celui de Mélodie ?
Tristan

Raphaëlle ne peut s'empêcher de rire en lisant le message. Encore une fois, elle s'empresse de répondre à son ami :

Tu as vu juste. Cette même grand-mère si attachante. Sa présence nous fait du bien. Hier soir, nous avons passé la soirée à discuter. Pour une fois, mamie était là, avec nous et non pas dans ses souvenirs. Elle faisait un peu l'arbitre entre ma mère et moi. En fait, depuis l'accident, ma mère est plus compréhensive. Ça fait trois jours qu'elle est tout miel avec moi, et même avec papa. On a pris le temps de discuter. Ce n'est pas toujours facile. Papa a exigé que nous devions utiliser le « je » pour nous exprimer et non le « tu ». Il faut dire « je ne me sens pas libre de faire des choix » au lieu d'attaquer l'autre : « tu ne me laisses aucune liberté. » Tu comprends ?

Raph

Oui, je comprends. Mais j'imagine que ça n'a pas été aussi facile que tu le décris.

Tristan

C'est vrai. J'ai crevé la belle bulle dans laquelle vivait ma mère. J'ai crevé aussi la mienne en admettant à haute voix que je ne tenais pas à être championne de patinage artistique. Je me sentais chiche de leur avoir fait dépenser autant d'argent. J'ai pleuré. Maman aussi. J'ai vu des cernes sous les yeux de papa, lui qui a deux boulots pour payer mes cours. J'ai l'impression d'avoir échoué. En fait, j'ai échoué dans leur rêve. Il est certain que je ne m'en sors pas indemne après

ces aveux. J'aurais dû tout leur dire bien avant. Pourtant, je savais que je n'arriverais jamais à atteindre LEURS objectifs. Les leurs, pas les miens. J'essaierai de leur prouver qu'ils me méritent quand même. Même si je ne suis pas championne canadienne. Avec les consignes de papa, de toujours employer le « je », ça a grandement aidé à extérioriser nos sentiments. Une seule fois maman a fait une phrase en employant le « tu ».
Raph

Tristan, curieux, se demande bien ce qu'elle insinue par là.

Et quelle était cette phrase ?
Tristan-le-curieux

De longues minutes passent avant que Raphaëlle prenne son courage à deux mains pour faire valser ses doigts sur le clavier et écrire :

C'était en fait une question : « Es-tu amoureuse de Tristan ? »
Raph

Le cœur de Raphaëlle bat la chamade en attendant la réponse.

Et qu'as-tu répondu ?
Tristan-l'hyper-curieux

Bien sûr, elle savait qu'il poserait cette question. Maintenant, elle n'a plus le choix. L'heure est à la vérité. Et puis, pourquoi se retenir ? Pourquoi ne pas oser ? Allez !

J'ai répondu…OUI ! Et tu sais quoi ? Elle a répondu que j'étais belle en amour.

Raph-qui-est-un-peu-gênée-de-tout-t'avouer.

Clic ! Raphaëlle envoie le message. Maintenant, elle retient son souffle. Pourtant, elle est convaincue que son amour est réciproque. Pourquoi est-elle si anxieuse ? Tout simplement parce qu'elle se délecte à l'avance de la réponse de Tristan.

Tu es plus que belle : tu es magnifique ! Et je suis le chanceux à qui tu as donné ton cœur ! À la rentrée, en janvier, j'en connais plus d'un qui sera jaloux de nous savoir ensemble, crois-moi. Et tu sais quoi, ma belle ? Le passé est derrière nous (par chance !) et, maintenant, il faut voir en avant. De beaux jours nous attendent.

À ce soir. J'ai hâte de te voir.

Tristan-qui-t'aime-aussi xoxo

Raphaëlle entend des pas à l'étage, au-dessus d'elle. Elle croit reconnaître ceux de son aïeule. Elle l'entend descendre l'escalier. En effet, grand-maman apparaît sur le seuil. Elle demande :

— Que fais-tu ?

— Je *chatte* avec Tristan. Mais voilà, j'ai terminé.

Raphaëlle éteint l'écran. Elle se lève et s'empare de ses béquilles. La vieille dame regarde l'écran de l'ordinateur puis sa petite-fille.

— Je n'ai pas bien compris. Pourquoi la chatte de Christian est dans l'ordinateur ?

— Laisse faire ! Allons nous préparer un chocolat chaud.

En montant les marches, grand-maman grommelle.

— Je n'y comprends rien à ces machines. Faudra que tu m'expliques un jour. Et puis, tu en profiteras pour me raconter comment tu t'es cassé cette cheville. Ta mère m'a dit que tu avais eu un accident avec Christian. Mon mari, Dieu ait son âme, n'a jamais eu d'accident de voiture. Une fois, c'était en hiver et…

— Viens, grand-maman. Tu me raconteras tout ça en buvant un chocolat chaud. Et s'il nous reste du temps, je te parlerai, au futur, de ma vie.

Toute jeune, le patinage artistique pour Josée était son unique et merveilleux univers.

Josée Pelletier

Durant son enfance et son adolescence, Josée Pelletier s'est souvent levée avant l'aube pour aller s'entraîner. Le patinage artistique était tout son univers. Vers 18 ans, elle est devenue entraîneure. Des parents qui poussaient leurs enfants à être meilleurs, elle connaît ça. Des élèves qui performaient, elle en a dirigés. Des déceptions à la suite d'une chute lors d'une compétition importante, elle en a vues. Autant sur le visage des parents que sur celui des jeunes. Bien qu'elle ait quitté le monde du patinage artistique depuis plusieurs années, Josée traîne encore avec plaisir dans les arénas, mais c'est maintenant pour voir ses garçons évoluer dans des équipes de hockey. Encore aujourd'hui, elle croise des parents qui caressent des rêves de gloire pour leur enfant et des entraîneurs qui ne pensent qu'à la victoire en oubliant parfois le bien-être des jeunes.

Un nuit pour tout changer est une histoire fictive, mais basée sur des faits et des gestes mille fois vus et ressentis. Cette fois-ci la réalité n'est pas tellement loin de la fiction !

Dans la collection Graffiti

10. *Coeur de glace,* roman de Pierre Boileau, Prix Littéraire Le Droit 2002
11. *Un cadavre stupéfiant,* roman de Robert Soulières, Grand Prix du livre de la Montérégie 2003
12. *Gigi,* récits de Mélissa Anctil, Finaliste au Prix du Gouverneur Général du Canada 2003
13. *Le duc de Normandie,* épopée bouffonne de Daniel Mativat, Finaliste au Prix M. Christie 2003
14. *Le don de la septième,* roman de Henriette Major
15. *Du dino pour dîner,* roman de Nando Michaud
16. *Retrouver Jade,* roman de Jean-François Somain
17. *Les chasseurs d'éternité,* roman de Jacques Lazure, Finaliste au Grand Prix du Fantastique et de la Science-fiction 2004, Finaliste au Prix M. Christie 2004
18. *Le secret de l'hippocampe,* roman de Gaétan Chagnon, Prix Isidore 2006
19. *L'affaire Borduas,* roman de Carole Tremblay
20. *La guerre des lumières,* roman de Louis Émond
21. *Que faire si des extraterrestres atterrissent sur votre tête,* guide pratique romancé de Mario Brassard
22. *Y a-t-il un héros dans la salle ?* roman de Pierre-Luc Lafrance. Traduit en espagnol
23. *Un livre sans histoire,* roman de Jocelyn Boisvert, sélection White Ravens 2005
24. *L'épingle de la reine,* roman de Robert Soulières
25. *Les Tempêtes,* roman de Alain M. Bergeron, Finaliste au Prix du Gouverneur Général du Canada 2005
26. *Peau d'Anne,* roman de Josée Pelletier
27. *Orages en fin de journée,* roman de Jean-François Somain

28. *Rhapsodie bohémienne,* roman de Mylène Gilbert-Dumas
29 *Ding, dong !* 77 clins d'oeil à Raymond Queneau, Robert Soulières. Sélection White Ravens 2006
30. *L'initiation,* roman d'Alain M. Bergeron
31. *Les neuf Dragons,* roman de Pierre Desrochers. Finaliste au Prix des bibliothèques de la Ville de Montréal 2006
32. *L'esprit du vent,* roman de Danielle Simard, Prix du jury de l'Association des auteurs de la Montérégie 2006.
33. *Taxi en cavale,* roman de Louis Émond
34. *Un roman-savon,* roman de Geneviève Lemieux
35. *Les loups de Masham,* roman de Jean-François Somain
36. *Ne lisez pas ce livre,* roman de Jocelyn Boisvert
37. *En territoire adverse,* roman de Gaël Corboz
38. *Quand la vie ne suffit pas,* recueil de nouvelles de Louis Émond, Grand Prix du livre de la Montérégie ; Prix du jury et Prix du public 2007
39. *Y a-t-il un héros dans la salle N° 2 ?* roman de Pierre-Luc Lafrance
40. *Des diamants sous la neige,* roman de Gérald Gagnon
41. *La Mandragore,* roman de Jacques Lazure
42. *La vraie vérité,* roman de Henriette Major

PROTÉGEONS
NOS FORÊTS

Ce livre a été imprimé sur du papier Sylva enviro 100 % recyclé, traité sans chlore, accrédité Éco-Logo et fait à partir d'énergie biogaz.

Achevé d'imprimer
sur les presses de Marquis Imprimeur
en août 2007